Vera F. Birkenbihl

115 IDEEN

FÜR EIN BESSERES LEBEN

Vera F. Birkenbihl

115 IDEEN
FÜR EIN BESSERES LEBEN

Vera F. Birkenbihl antwortet
auf Fragen von Lesern

Mit Illustrationen
von der Autorin

mvg

Die Deutsche Bibliothek – CIP-Einheitsaufnahme

Birkenbihl, Vera F.:
115 Ideen für ein besseres Leben : Vera F. Birkenbihl antwortet auf Fragen von Lesern / Vera F. Birkenbihl. – Landsberg am Lech : mvg, 1997
(mvg-Paperbacks ; 590)
ISBN 3-478-08590-X

Quellenangaben:

Die meisten in diesem Buch enthaltenen Antworten entstanden im Rahmen der Bild am Sonntag-Serie in Beantwortung der Leserfragen. Mit folgenden Ausnahmen:

„Angst", „Mißmut", „Positives Formulieren", und „Relativieren" sind Beiträge aus dem (inzwischen vergriffenen) Buch: *Warum wir andere in die Pfanne hauen* von Vera F. Birkenbihl, mvg-verlag, München 1992

„Ärger", „Angebot", „Ansprechen", „Ausdrucksweise", „Erwartungen", „Experten", „Fehler", „Geschenke", „Karriere", „Krise", „Kunden", „Rhetorik", „Service", „Tat-Sachen" sind Birkenbihl-Kolumnen aus den Werken *Der Sympathie-Berater* und *Kommunikation* und *Business*, Verlag Norbert Müller, München 1993 bis 1995

Das Papier dieses Taschenbuches wird möglichst umweltschonend hergestellt und enthält keine optischen Aufheller.

Umschlaggestaltung: Vierthaler & Braun, München
Satz: Fotosatz H. Buck, Kumhausen
Druck- und Bindearbeiten: Ebner, Ulm
Printed in Germany 080 590/10971202
ISBN 3-478-08590-X

Inhaltsverzeichnis

Vorwort

Manchmal ist es hochinteressant, eine Kette von Ereignissen zurückzuverfolgen, z.B. wie dieses Buch entstand:

1. Ein Fernsehproduzent wollte mich bei einer Fernsehsendung („Alpha, Bayern III) unbedingt im Studio haben, um Zuschauerfragen live zu beantworten. Also stimmte ich zu, wiewohl ich eigentlich nicht vorhatte, wieder ein Fernsehstudio zu betreten.

2. Ein Chefredakteur (Bild am Sonntag) sah diese erste Alpha-Sendung, war gerade auf der Suche nach einer Person, die Leserfragen beantworten sollte, und kam auf mich zu.

3. Nach einigen Wochen tauchten immer wieder Leserfragen auf, die in dem zurückliegenden Teil der Serie bereits beantwortet worden waren, also bot es sich an, diese in einem Büchlein zu versammeln.

4. Der Verlag mvg (der die meisten meiner Bücher herausgegeben hat) wartete schon lange auf einen „neuen Birkenbihl“. Und so kam es zu dieser Ausgabe.

Die 115 Ideen „fallen“ in zwei Kategorien: Die meisten sind Antworten auf Leserfragen meiner Bild-am-Sonntag-Serie. Diese Beiträge erkennen Sie an der Frage in der Überschrift (z.B. Nr. 5: Wie werde ich meinen Ärger los?). Die anderen Denk-Ansätze waren unsprünglich Kolumnentexte, wobei auch diese Ideen häufig gestellte Fragen meiner Seminarteilnehmer betreffen. Diese Beiträge beginnen mit einer Überschrift, die keine direkte Frage ist (z.B. Nr. 3: Leute ansprechen).

Wir haben die Stichworte alphabetisch sortiert. So können Sie sich im Inhaltsverzeichnis ein Stichwort heraussuchen, das Sie gerade besonders interessiert, oder Sie lesen „chronologisch“ – ganz wie Sie wollen.

Übrigens: Alle praktischen Tips sind auch wirklich praxiserprobt! Sollten Sie zweifeln: Testen Sie es selbst.

Ich wünsche Ihnen viel positive Energie!

Vera F. Birkenbihl Odelzhausen, Herbst 1997

1. Was kann ich tun, damit ich mich nicht immer maßlos ärgere?

Jedes Wort, das wir sagen oder denken, wirkt sich auf unsere Wahrnehmung und demzufolge auch auf unsere späteren Erfahrungen aus.

Angenommen, Sie erleben akuten Zorn, weil ein Mitmensch die Unverfrorenheit besaß, etwas zu tun, was Sie „unmöglich" finden. Nun sagen Sie etwas über die Situation, z.B. zu einem Freund oder aber zu sich selbst. Faszinierend ist übrigens, daß diese Art von Denken im Arabischen als „mit der Seele sprechen" ausgedrückt wird. Aber zurück zu Ihrer Frust-Situation. Was werden Sie anderen (oder Ihrer Seele) jetzt erzählen? Sagen/denken Sie: „Ich bin stocksauer!" oder: „Ich hasse es, wenn jemand das tut!" oder: „Ich könnte ihn/sie erwürgen!"? Wie lautet Ihre bevorzugte Redewendung bei akutem Ärger?

Wie glauben Sie, werden Sie eine vergleichbare Situation in der Zukunft erleben, wenn Sie anderen und/oder Ihrer Seele regelmäßig erklären, wie furchtbar Sie leiden? Und was wollen Sie sagen/denken, wenn es wirklich einmal um eine Frage des Überlebens gehen sollte, wenn Sie bei Alltagsärger derartig schweres verbales Geschütz auffahren?! Überlegen Sie, was passieren würde, wenn Sie die **Form**ulierung verändern würden. Wie würden Sie sich fühlen, wenn Sie sagen würden: „Die Situation fasziniert mich."? Meinen Sie nicht auch, daß Sie eher in Richtung einer intelligenten **Lösung** (statt Problem) denken, wenn es Ihnen gelingt, Neugierde und Interesse zu wecken, wenn Sie also auf kreative Denkprozesse umschalten?

Das gleiche gilt, wenn wir der Umwelt unsere Gefühle mitteilen. Wie empfindet wohl der Auslöser unseres Zorns, wenn wir ihn mit unserer Unfähigkeit, auf ihn einzugehen, konfrontieren? Und wie, glauben Sie, würde er es finden, wenn wir in der Lage wären, Interesse auszudrücken, um mit ihm gemeinsam eine (neue) Lösung anzustreben?

Üben Sie ab heute, massive Ärger-Worte durch Begriffe auszutauschen, die Interesse ausdrücken. Was zunächst ein Wortspiel zu sein scheint, wird schon bald Ihr Empfinden steuern. So, wie Sie sich früher selbst „in Rage" geredet haben, können Sie sich in eine verständnisvolle kreative innere Haltung hineinreden. Sagen Sie in Zukunft in solchen Situationen zu anderen (oder zu Ihrer Seele) neue, ebenso mächtige Worte wie z.B. „Das ist ja faszinierend!" oder „Das empfinde ich als Herausforderung!"

Falls Sie es (noch) nicht glauben: Überzeugen Sie sich selbst: Testen Sie drei Wochen lang. Sagen Sie Ihrer Seele, daß Sie danach zu Ihrem alten Vokabular zurückkehren dürfen, wenn Sie das dann noch wollen. Fair?

Weitere Gedanken zur selben Thematik finden Sie unter „Erwartungen" (S. 58), „Feind" (S. 64), „Relativieren" (S. 146) und „Wut" (S. 190).

2. Wie mache ich einem Kunden am besten ein „Angebot“?

Egal, ob Sie als Verkäufer „unterwegs“ sind oder ob Sie jemanden von einer neuen Vorgehensweise überzeugen wollen (z.B. haben Sie einen Vorschlag, wie man ein Formular in Ihrer Abteilung besser gestalten könnte…), wenn Sie dem Gesprächspartner Ihr Produkt/Ihre Idee unmittelbar anbieten, ist die Wahrscheinlichkeit, daß er ablehnt, sehr hoch. Stellen Sie ihm hingegen zwei Möglichkeiten vor (damit er das Gefühl hat, eine Entscheidung treffen zu dürfen), dann besteht die reale Gefahr, daß er die andere Möglichkeite/Idee wählt, die Sie aus strategischen Gründen vorgestellt haben. Aber es gibt eine dritte Strategie, nämlich die der drei Angebote: Studien der Stanford Business School haben gezeigt, daß Kunden eher kaufen, wenn man die Präsentation wie folgt aufbaut:

- **Schritt 1:** Man stellt zwei Produkte (Modelle, Varianten bzw. Vorgehensweisen) vor, von denen eine teurer ist. Dabei muß sich der Begriff „teuer“ nicht auf Geld beziehen; eine der beiden Möglichkeiten kann auch mehr Zeitaufwand, mehr Anstrengung etc. „kosten“.
- **Schritt 2:** Kurz danach erwähnt man eine dritte Möglichkeit, die noch teurer (zeitintensiver, anstrengender etc.) ist als die zweite (in Schritt 1 genannte) Möglichkeit.

Das Ergebnis ist dann folgendes:

- **Ergebnis:** Der Kunde wählt in der Regel das zweite der ersten beiden Angebote, denn erstens ist dies im Vergleich zu Möglichkeit Nr. 3 günstiger (Preis, Zeitaufwand etc.), und zweitens ist es nicht das „erstbeste" Angebot gewesen, was ihm das Gefühl gibt, eine wohlerwogene Entscheidung getroffen zu haben.

Wenn wir diese Strategie noch verfeinern, indem wir Frage- statt Sagetechnik einsetzen, haben wir ein professionelles Verhandlungsgespräch geführt; und das ist das Schlüsselwort: Wir haben das Gespräch **geführt**.

Wiewohl es den Anschein hat, als entstünde ein Gedanke aus dem vorangegangenen, konnten wir unseren roten Faden klar verfolgen und so die Chancen auf Erfolg maßgeblich verbessern. Wenn unser Gesprächspartner trotzdem nicht mitspielt, dann sprechen – aus seiner Sicht – wichtige Gründe dagegen: Das wiederum sollten wir respektieren. Es ist meines Erachtens zulässig, unsere Chancen zu verbessern, solange wir auf die Gedanken unseres Partners eingehen. Wir wissen, daß wir so weit häufiger an unser Ziel gelangen als beim „normalen" Vortragen unserer Ideen.

Tip: Testen Sie diese Strategie zunächst in Rollenspielen mit Kollegen und in privaten „Verhandlungen", ehe Sie sie vor Ort bei „echten" Kunden (oder bei Vorgesetzten) einsetzen. Es braucht ein wenig Übung, aber es lohnt sich. Bestimmt.

3. Leute ansprechen

Kennen Sie die Situation, daß Sie in einem Vortrag oder Seminar sind und möchten den Referenten gerne ansprechen, wagen es dann aber doch nicht?

Oder hätten Sie vielleicht gerne mal ein paar Zeilen an einen Autor gerichtet, lassen es dann aber, weil Sie meinen, er hätte an Ihren Gedanken wahrscheinlich sowieso kein Interesse?

Merke: Es ist extrem leicht, „solche" Menschen anzusprechen, wenn Sie sie wirklich „ansprechen":

1. Beginnen Sie mit einem Lob! Auch der erfolgreichste Trainer oder Autor freut sich, wenn seine Botschaft gut ankommt oder wenn sein Stil überzeugt.

2. Fragen Sie, ob Sie eine Frage stellen dürfen. Damit signalisieren Sie, daß er seine Aufmerksamkeit jetzt von sich (Ihr Lob hat ihn ja auf sich selbst gelenkt) auf Sie als Gesprächspartner lenken soll. Ist der gedanklich gerade „zu" (z.B. weil er über den nachfolgenden Seminarabschnitt nachdenken will), kann er Sie bitten, mit Ihrer Frage in der nächsten Pause zu kommen. Ist sein Kopf „frei", wird er sich Ihnen zuwenden.

Wirkliche Profis haben echtes Interesse an ihren Kunden (ob das nun Zuhörer oder Käufer sind, Leser oder Seminarteilnehmer). Solche Menschen werden sich immer auf

Sie einstellen. Ich finde es außerordentlich schade, wie oft wir uns gewisser Möglichkeiten berauben, die wir hätten, wenn wir ein wenig wagen würden! Was kann Ihnen denn schlimmstenfalls passieren? Daß der Mensch unhöflich ist und Sie danach vergißt. Andernfalls kann es sein, daß Sie sich Jahre später noch freuen, weil Sie eine interessante Antwort erhalten haben.

Dafür lohnt es sich doch, ein kleines Risiko einzugehen, oder?

4. Ein Anti-Ärger-Gedanke

Wissen Sie, was passiert, wenn wir uns über jemanden ärgern? Wir lehnen ihn ab! Wir meinen, besser zu sein als er, pünktlicher, ehrlicher, zuverlässiger… Diese innere Einstellung der Ablehnung vergiftet in erster Linie uns selbst, weil wir jetzt zu viele Streßhormone produzieren. Außerdem neigen wir dazu, dieses Gift in unsere Umwelt zu „verklappen“. Das heißt: Wir drücken unseren Ärger irgendwie aus – ziehen uns zurück wie eine beleidigte Leberwurst oder greifen aktiv an, indem wir meckern, schimpfen oder Schlimmeres tun. Und warum? Weil wir einen Mitmenschen ablehnen. Darüber könnte man ab und zu nachdenken…

5. Wie werde ich meinen Ärger los?

Es heißt zwar „Geteiltes Leid ist halbes Leid“, aber beim Ärger gilt das Gegenteil: „Geteilter Ärger ist doppelter Ärger!“ Es ist bekannt, daß Kunden, wenn sie zufrieden sind, drei bis vier Leuten davon berichten. Wenn sie jedoch unzufrieden sind, erzählen sie es 10 bis 15mal. Das heißt: Wir alle neigen dazu, unseren Ärger weiterzugeben – in der absurden Hoffnung, das würde uns erleichtern. Das ist aber nicht der Fall.

Geteilter Ärger verdoppelt sich: Entweder muß sich die Person, der wir davon erzählen, mitärgern. Oder sie empfindet Schadenfreude, wenn sie uns nicht mag. Dann ärgern wir uns doppelt.

Probieren Sie bitte einmal die folgenden Anti-Ärger-Strategien:

Erstens: Lächeln Sie 60 Sekunden (auch wenn Ihnen nicht danach zumute ist). Ihr Körper schüttet dann Freude-Hormone aus, Sie fühlen sich gleich erleichtert.

Zweitens: Legen Sie ein doppeltes Tagebuch an. Sie nehmen ein Ringbuch und teilen es in der Mitte. Im hinteren Teil notieren Sie, was Sie ärgert. Sie können zum Beispiel einen Brief an die Person, über die Sie sich aufgeregt haben, schreiben. Den schicken Sie natürlich nicht ab. Der Schriftsteller Mark Twain hat solche Briefe geschrieben, seine Frau hat immer dafür gesorgt, daß sie nie bis zur

Post kamen. Schreiben Sie der Person in diesem „Brief" alles, was Sie empfinden. Dann ist erst einmal der Druck weg. Schreiben ist wesentlich therapeutischer als sprechen. Im vorderen Teil des Ringbuchs notieren Sie regelmäßig, was Sie an schönen Dingen erlebt haben: vom Sonnenaufgang oder einem hübschen Blumenstrauß bis zu der Situation, in der Sie ein Kompliment bekommen haben. Und immer dann, wenn Ihre Stimmung auf den Nullpunkt sinkt, lesen Sie im vorderen Glücksteil und erfreuen sich erneut an den schönen Dingen.

Damit richten Sie Ihre Energien wieder positiv aus. Sie werden feststellen: Ihr Ärger war nur so gewaltig, weil Sie es kurzzeitig so gesehen hatten. Die Welt ist gar nicht so schlimm.

6. Wie überwinde ich den toten Punkt?

Es gibt Dinge, die „ziehen uns runter", und Dinge, die „bauen uns auf". Diese Tatsache können Sie für zwei kleine, aber wirkungsvolle Anti-Streß-Strategien nutzen.

Visueller Weg: Haben Sie ein schönes Foto (von Ihren Kindern, dem Partner, einem besonders schönen Urlaub)? Wir sehen uns solche Bilder deshalb so gern an, weil wir dabei Kraft tanken. Oder nehmen Sie ein Kunstwerk – zum Beispiel den berühmten „David" von Michelangelo: Da stehen wir staunend davor, auch wenn wir die Skulptur nur als Postkarte vor Augen haben. Sie strahlt sehr viel positive Energie aus. Auch religiöse Abbildungen können uns immens viel Kraft geben. Achten Sie darauf, daß die Bilder lebende Wesen zeigen – also zum Beispiel Menschen, Tiere, Pflanzen. Diese Bilder können Sie überall unauffällig betrachten.

Akustischer Weg: Dafür brauchen Sie drei Minuten (und einen Walkman). Nehmen Sie zwei, drei Musikstücke auf, die Sie besonders gern hören. Wählen Sie kurze Stücke, die Sie auf **separate** Kassetten überspielen, zum Beispiel auf eine Kassette flotten Pop, auf die andere etwas Country & Western, auf die dritte etwas Klassisches und so weiter: Ihr Unterbewußtsein wird schon wissen, welche Musik die richtige für Sie ist. Hören Sie diese Musikstücke in Streßzeiten jeweils drei Minuten lang, wobei Sie sichergehen, daß Sie dabei nicht gestört werden. Wenn's sein muß, verziehen Sie sich damit auf die Toilette (mit Kopfhörern können Sie überall hingehen).

Allerdings muß ich Sie warnen: In den ersten 15 bis 20 Sekunden werden Sie die Musik **noch** nicht genießen, denn sie entspricht noch nicht Ihrer derzeitigen Stimmung. Aber nach spätestens einer Minute wird es angenehm, und dann tanken Sie (vor allem in der dritten Minute) so richtig Energie!

Zusatztip: Lächeln Sie während dieser letzten Minute. Sie wissen ja: Mundwinkel anheben, damit der Muskel auf den Nerv drücken kann, der dem Gehirn signalisiert: „Freude-Hormone" ausschütten! Machen Sie das jedesmal, wenn Sie angespannt sind, das stärkt Ihre Immunkraft.

Zusatztip für Autofahrer: Lächeln Sie, wenn die Ampel Rot zeigt. Wenn Ihnen das peinlich ist, weil die anderen Autofahrer komisch gucken könnten: Halten Sie Ihr Handy (oder eine Handy-Attrappe) ans Ohr. Jedermann wird Sie um den Gesprächspartner beneiden, der Sie zum Lächeln gebracht hat. Mit diesem Trick können Sie immer und überall Ihr Lächeltraining durchlaufen. Ihre Mundwinkel „heben" nämlich gleichzeitig Ihre Stimmung.

7. Wie verhindere ich, daß mich nachts Probleme wachhalten?

Probieren Sie bitte die folgenden zwei Strategien aus.

Die erste Möglichkeit: Lenken Sie Ihre Gedanken ganz bewußt auf etwas Schönes – auf den nächsten Urlaub, auf eine Party, einen Waldspaziergang etc. Ersetzen Sie die negativen durch positive Gedanken. Denn wenn Sie sich sagen: Ich will jetzt **nicht** an mein Problem denken – woran denken Sie dann? Testen Sie dies: Wenn ich Sie bitte, 14 Sekunden lang keinesfalls an eine weiße Maus zu denken – woran denken Sie dann? Eben! Sie müssen Ihrem Geist eine Alternative anbieten.

Die zweite Möglichkeit ist das Arbeiten mit einem Mantram. Diesen Weg hat der Inder Eknath Easwaran sehr schön in seinem gleichnamigen Buch („Mantram – Hilfe durch die Kraft des Wortes") beschrieben.

Ein Mantram ist ein Wortklang, der ständig wiederholt wird. Wir kennen einen ähnlichen Mechanismus vom Rosenkranzbeten. Easwaran bietet uns ein wunderbares Denkbild:

Stellen Sie sich einen Elefanten vor, der bei einer religiösen Zeremonie durch eine enge Dorfgasse zum Tempel gehen muß. Da er seinen Rüssel ununterbrochen hin- und herbewegt, ist das nicht ungefährlich für die Dorfbewohner, die die Gasse säumen. Was macht der kluge Elefantenbetreuer? Er gibt dem Elefanten einen Stab zu tragen. Das Problem hat sich erledigt. Der Elefant trägt den (rüsselberuhigenden) Stab und kann nun, ohne jemanden zu gefährden, durch die engste Gasse gehen. Genauso verhält es sich mit unserem „Elefantenrüssel“, das heißt mit unserem Geist, der nicht zur Ruhe kommen will. Geben Sie ihm einen „Stab“ – ein Mantram. Wenn Sie gläubig sind, können Sie als Mantram heilige Namen (zum Beispiel von Jesus oder Maria) wählen. Sie können auch Begriffe wie „Liebe“ oder „Frieden“ nehmen. Diese Worte murmeln Sie oder denken Sie jetzt ununterbrochen. Das können Sie einerseits als Einschlafstrategie machen, andererseits aber auch tagsüber unter der Dusche, im Bett, beim Gemüseputzen oder Bügeln, wenn Sie auf eine Telefonverbindung warten und so weiter. Es dauert etwa sechs Wochen, bis das Mantram zu „greifen“ beginnt. Danach können Sie es jederzeit, besonders in Streßsituationen, einsetzen und sich damit beruhigen – zum Beispiel vor dem Einschlafen. Sie werden in diesen Mantram-Augenblicken ganz bei sich sein, wenn Ihr Geist den „Stab“ zu tragen gelernt hat.

8. Ich habe eine Fachausbildung und bin arbeitslos. Wie finde ich eine neue Stelle?

Gespräche mit meinen Kunden (also Firmen) zeigen immer wieder, daß sie jede Menge **unqualifizierter** Bewerbungen bekommen. Man merkt ihnen an, daß die Absender überhaupt keine Ahnung davon haben, worum es bei den Firmen geht. Solche Bewerbungen gibt es wie Sand am Meer. Tatsache ist, daß qualifizierte Leute gesucht werden. Ich möchte Ihnen deshalb folgende Vorgehensweise vorschlagen:

Erstens: Finden Sie über die Firma, bei der Sie sich bewerben wollen, etwas heraus – das Ziel dieser Firma, ihre Firmen-Philosophie, welche Produkte oder Dienstleistungen sie an welche Zielgruppe verkaufen will usw. Damit beweisen Sie, daß Sie **Eigeninitiative** entwickeln. So fallen Sie positiv aus dem Rahmen der üblichen Bewerber.

Zweitens: Schicken Sie Ihre Bewerbung **nicht** mit der Post. Knüpfen Sie **zuerst** telefonische Kontakte. Das beweist, daß Sie **handeln** können und **gesprächsbereit** sind. Erst wenn Sie **genau** wissen, an **wen** Ihre Unterlagen gerichtet sein müssen, verschicken Sie sie, wobei Ihr Brief dann z.B. so beginnen kann: „Wie heute telefonisch mit Ihnen besprochen…“

Drittens: Es gibt Leute, die nur **kurz** arbeitslos sind, weil sie im Zweifelsfall jeden Job annehmen, zumindest als Überbrückungsmaßnahme. Ich selbst habe während meines Studiums in Amerika Toiletten geputzt, als ich in einer verzweifelten finanziellen Lage war. Das heißt: Nehmen Sie ruhig in der Gastronomie oder in anderen Bereichen, in denen **händeringend Leute gesucht** werden, einen (Teilzeit-)Job als Übergangslösung an. Ihrem späteren potentiellen Arbeitgeber können Sie erklären, daß Sie dies getan haben, **um im Arbeitsprozeß zu bleiben** und als Beweis dafür, daß Sie bereit sind, die Arbeiten zu machen, die **notwendig** sind und nicht unbedingt nur die, für die man Sie offiziell einstellt. Damit senden Sie ein sehr starkes Signal.

Wenn Sie beginnen, die Arbeitslosigkeit als „Job" zu sehen, den Sie genauso effizient bewältigen wollen wie jeden anderen Job, dann werden Sie garantiert nicht lange arbeitslos sein.

9. Wie kann ich lernen, mich gewählter auszudrücken?

Eine „gewählte“ Ausdrucksweise impliziert ja, daß man etwas „wählen“ kann, die meisten Menschen können aber nicht viel wählen, wenn sie sprechen (oder schreiben)…

Studien haben ergeben, daß die meisten Menschen schlappe fünf bis zehn Prozent des Wortschatzes ihrer Muttersprache aktiv einsetzen. Selbst wenn wir davon ausgehen, daß zirka 40 bis 50 Prozent der Wörter aus Fachvokabular bestehen (oder wissen Sie, was ein „Gebinde“ in bezug auf Farbeimer bedeutet?), dann heißt das immer noch, daß wir nur die Hälfte des verfügbaren Wortschatzes aktiv einsetzen.

Nun sagen Sie vielleicht: „Wenn ich ausdrücken kann, was ich sagen will, reicht mir das.“ Aber das Traurige ist, daß Sie nie in vollem Maße wissen werden, was Sie sagen würden, wenn Ihr Vokabular Ihnen mehr Auswahl bieten würde! Denn, wie Wittgenstein schon so treffend formulierte: „Die Grenzen meiner Sprache sind die Grenzen meiner Welt.“ Das heißt:

Menschen mit armseligem Wortschatz können viele Nuancen des Lebens nicht wahrnehmen, weil ihnen buchstäblich die Worte dafür fehlen.

Wenn uns die Möglichkeit fehlt, zwischen Zorn, Wut, Unbehagen, Unsicherheit, Angst, Nervosität oder Ärger zu unterscheiden, dann reagieren wir jedesmal „stocksauer“, wiewohl wir eigentlich einmal Angst und einmal Nervosität empfunden hätten. Umgekehrt verhilft uns ein reiches Vokabular, solche Unterscheidungen vorzunehmen und demzufolge weit „angemessener" zu reagierenl.

Dasselbe gilt für positive Empfindungen. Experimente im Seminar zeigten, daß Menschen weit mehr Worte für negative Gefühle kennen als für positive. Wenn uns auch hier Worte fehlen, können wir weder anderen noch uns mitteilen, wenn wir uns gut fühlen. Also nehmen wir gute Gefühle weniger bewußt zur Kenntnis und können uns seltener daran erfreuen.

Daher möchte ich Ihnen zwei Strategien vorschlagen.

Erstens: Hören Sie **regelmäßig**, z.B. unterwegs (Literatur-) Kassetten, deren reiches Vokabular Ihren Wortschatz ganz nebenbei systematisch erweitert. Und lernen Sie zweitens, sich (und anderen) ebenso **regelmäßig** mitzuteilen, daß Sie sich „gut" fühlen, wobei Sie laufend weitere Begriffe für „gut" sammeln.

Mit dieser Doppelstrategie verbessern Sie Ihre Lebensqualität und schaffen die nötige Voraussetzung, sich in zunehmendem Maße „gewählt" ausdrücken zu können: sowohl, wenn Sie mit anderen reden, als auch, wenn Sie zu Ihrer Seele sprechen wollen!

10. Soll man eine Beförderung rückgängig machen, wenn man sich überfordert fühlt?

In Amerika ist es üblich, daß man bei einer Beförderung eine Probezeit vereinbart. Beide Seiten – also Chef und Mitarbeiter – können feststellen, ob man in dieser neuen Position wirklich glücklich ist, ob man sich entwickeln kann. Im Zweifelsfall ist es selbstverständlich möglich, in die alte Position zurückzukehren. Eine ähnliche Möglichkeit würde ich mir auch für Deutschland wünschen. Wenn Sie unglücklich sind und es eine Chance gibt, die Beförderung rückgängig zu machen, ergreifen Sie diese. Bitte bedenken Sie folgendes: Jede Beförderung beinhaltet **immer** die Gefahr, daß man nicht optimal für die Position geeignet ist. Beispiel: Sie arbeiten in einer Fabrikhalle und sind dort zuständig für einen bestimmten Bereich, den Sie hervorragend betreuen. Irgendwann macht man Sie zum Gruppenleiter. Nun sind Sie für zehn Kollegen verantwortlich. Plötzlich kommt es darauf an, wie gut Sie kommunizieren können, ob Ihre Kollegen guten Kontakt zu Ihnen haben usw. Angenommen, Sie machen auch das sehr gut, gibt man Ihnen irgendwann die Verantwortung für einen größeren Bereich. Das heißt: In zunehmendem Maße werden Führungsaufgaben von Ihnen gefordert und nicht mehr das Arbeitsgebiet, für das Sie ursprünglich eingestellt worden waren. Daher besteht die Gefahr, daß Sie ab einem gewissen Zeitpunkt **nur** noch Führungsaufgaben übernehmen müssen und gar nicht mehr an Ihren heißgeliebten Maschinen stehen und das tun können, was Sie eigentlich lieber und vielleicht besser können.

Wenn Sie bereits befördert worden sind und „zurücktreten“ möchten, dann sprechen Sie mit Ihrem Chef darüber. Sollten Sie **vor** einer solchen Beförderung stehen, dann könnten Sie im **Vorfeld** mit Ihren jetzigen Kollegen **und** Ihrem Chef abklären, daß Sie eine Probezeit wünschen und erst sehen wollen, wie Sie sich entwickeln werden.

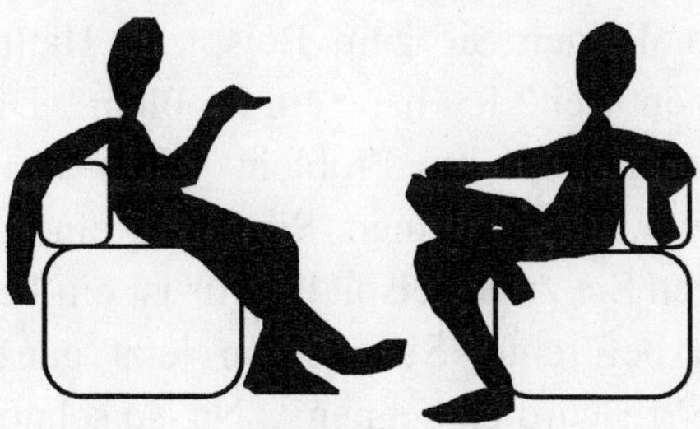

11. Wie vermeide ich, daß mich mein Chef in die Pfanne haut?

Ergreifen Sie die Flucht nach vorn, handeln Sie nach dem „Schubkarrenprinzip“: Zwei Kinder spielen im Sandkasten, das größere lädt die Schubkarre bis obenhin voll und sagt zu dem kleineren: „Wetten, daß du die Schubkarre nicht den Hügel hinaufschieben kannst?“ Was passiert? Das kleinere Kind wird die Schubkarre natürlich hinaufschieben.

An dieses Prinzip sollten Sie denken, wenn Sie mit dem Chef reden. Fragen Sie zum Beispiel: „Hätten Sie mal einen Moment Zeit? Ich habe ein Problem.“ Damit signalisieren Sie, daß **Sie** das Problem haben, also „Entwarnung“ für ihn. Angenommen, Sie haben einen Fehler gemacht. Sagen Sie zum Beispiel: „Mir ist ein Fehler unterlaufen, ich befürchte, Sie werden jetzt ganz furchtbar schimpfen.“ Er wird entgegnen: „ Na, so schnell schießen die Preußen nicht, erzählen Sie mal.“ Erkennen Sie das Wetten-daß-Prinzip? Sie haben signalisiert: „Wetten, daß du mir den Kopf abreißt?“ Und er hat gesagt: „Ich halte dagegen!“

12. Wie gewinne ich Abstand, wenn Menschen mich beleidigt haben?

Wenn jemand Sie be-**leid**-igt, dann versucht er, Ihnen (bewußt oder unbewußt) ein **Leid** zuzufügen. Es stellt sich nun die Frage, ob Sie bereit sind zu **leid**-en. Wenn Sie begreifen, daß nur jemand, der selbst an negativen Gefühlen **leid**-et, andere be-**leid**-igen kann, dann könnten Sie möglicherweise Mit-**leid** mit ihm haben, statt selber zu **leid**-en. Es hängt also von Ihnen ab, ob Sie jemandem die Macht zugestehen wollen, Sie zu ärgern, Sie zu verletzen oder zu be-**leid**-igen.

13. Wie stelle ich im Bewerbungsgespräch fest, ob ich mich für die Stelle eigne?

Genaugenommen müssen Sie das **vorher** feststellen. Setzen Sie sich vor dem Bewerbungsgespräch hin und erstellen Sie eine Liste. Schreiben Sie auf die linke Seite des Blattes die Anforderungen, die dieser Job Ihrer Meinung nach an Sie stellen wird, und tragen Sie auf der rechten Seite ein, welche dieser Anforderungen Sie erfüllen können.

Angenommen, Sie möchten sich für den Job eines Wachmanns bewerben, der nachts ein Gebäude bewacht: Dann wäre **eine** der Anforderungen, nachts wach bleiben zu können, eine weitere: lange allein sein zu können usw.

Wenn Sie eine klare Vorstellung von dem Job haben, dann können Sie sich diese Tätigkeit in allen Einzelheiten ausmalen und aus dieser geistigen Vorstellung die Anforderungen ableiten und Ihre Liste erstellen.

Diese Vorübung bewirkt zweierlei:

Erstens: Falls Sie für diese Tätigkeit nicht geeignet wären, würden Sie das rechtzeitig merken.

Zweitens: Wenn Sie sich selber überzeugen, werden Sie auch einen potentiellen Arbeitgeber überzeugen können.

Weitere Gedanken zur selben Thematik finden Sie unter „Eignung“ (S. 49).

14. Wie reagiere ich (am Telefon) auf Beschwerden?

Wenn Sie fähig sind, Reklamationen so gut zu behandeln, daß Ihr Kunde hinterher zufrieden ist, haben Sie eine enorme Leistung vollbracht (ein Kunde, dessen Beschwerde gut verläuft, ist hinterher um ein Sechsfaches treuer als ein Kunde, mit dem Sie nie Probleme hatten). Folgende 6-Punkte-Checkliste kann Ihnen dabei helfen:

1. Zuhören (den Kunden ausreden lassen).

2. Zuhören (den Kunden das Ganze auch mehrmals erzählen lassen, bis die „Luft" raus ist).

3. Rückkopplungsfragen stellen, ob man richtig verstanden hat. An dieser Stelle sollte man unbedingt **Verständnis** für den **Standpunkt** des Kunden äußern. Verständnis für die Gefühle des Kunden bedeutet kein Eingeständnis eigener Schuld!

4. Fragen, welche Lösungsmöglichkeiten der **Kunde** sieht. Oft sind seine Vorstellungen voll akzeptabel, dann brauchen wir nur noch zustimmen! Falls nicht, können wir jetzt einen Kompromißvorschlag machen.

5. Sorgen Sie dafür, daß Versprechungen, die dem Kunden jetzt gemacht werden, auch hundertprozentig eingehalten werden!

6. Prüfen Sie hinterher, ob dies eingetroffen ist.

Merke: Diese Verantwortung kann nicht „delegiert" werden. Der Kunde macht immer seinen Gesprächspartner (am Telefon) verantwortlich, nicht „die Firma", nicht eine Abteilung, an die Sie die Sache vielleicht weitergeleitet haben.

Übrigens: Fall Sie der Meinung sind, daß Sie persönlich zu viele unangenehme Gespräche (Telefonate) führen müssen (weil zu viele Kunden Forderungen stellen, denen Sie nicht nachkommen können oder wollen), dann sind Sie vielleicht in der falschen Firma (oder im falschen Beruf)…

Weitere Gedanken zur selben Thematik finden Sie unter „Streß am Telefon" (S. 164) und „Telefonieren" (S. 168).

15. Wie gehe ich mit Menschen um, die sich in jedes Gespräch einmischen und alles besser wissen?

Erstens können Sie erfolgreich die Fragetechnik einsetzen. Wenn sich eine Person einmischt, kennt sie ja die Anfänge Ihres Gesprächs nicht.

Beispiel: Angenommen, Sie sprechen mit Herrn Müller über ein Problem, und der Besserwisser stößt dazu. Dann fragen Sie: „Wann hat Ihnen Herr Müller diese Problematik geschildert? Sie scheinen ja bereits zu wissen, worum es geht, ich erfahre es eben erst von Herrn Müller." So machen Sie ihm auf höfliche Art klar, daß er über Dinge redet, die er eigentlich gar nicht wissen kann.

Zweitens sollten Sie sich klarmachen, daß Menschen, die sich einmischen (nach dem Motto „Ich will dir ja nur helfen"), in der Regel ihr eigenes Selbstwertgefühl aufbessern wollen. Geben Sie diesen Menschen zwischendurch mehr Anerkennung, das reduziert ihre Neigung, sich aufzudrängen. Schauen Sie mit wachen Augen, ob es Dinge gibt, die Sie positiv erwähnen können. Wenn dieser Mensch Wert auf „Klamotten" legt, kann ihm ein Kompliment zur Kleidung die nötige Anerkennung geben. Bei einem leistungsorientierten Menschen loben Sie zum Beispiel die Art, wie er arbeitet. Ist er ein Vielredner, der **manchmal** gut zuhört, machen Sie ihm ein Kompliment für sein intensives Zuhören. Damit erziehen wir ihn dazu, Ihnen öfter zu beweisen, wie gut er zuhören kann.

Fazit: Je weniger Anerkennung jemand bekommt, desto größer ist seine Neigung, sie sich zu „holen" – zum Beispiel durch ständiges Einmischen und Besserwisserei.

16. Man hört immer, man solle „bewußter" leben. Was ist das eigentlich?

Bewußt leben heißt: ganz, total im Hier und Jetzt sein. Normalerweise denken wir beim Essen an ein wichtiges Gespräch, das wir gleich haben werden, oder wir überlegen bei der Morgentoilette, wie wir ein Problem lösen wollen usw. Das heißt:

Die wenigsten Menschen leben im Hier und Jetzt.

Haben Sie sich schon einmal gefragt, warum ein Muselmane fünfmal am Tag beten soll? Meine Annahme: Fünfmal am Tag soll er kurz innehalten und ins Hier und Jetzt kommen. Dabei kann er auch Abstand nehmen zu den Dingen, die ihm gerade wahnsinnig wichtig erscheinen. Nach seinem Dank an Allah kehrt er in den Alltag und zu seiner Arbeit zurück. Er sieht sie mit neuen Augen. Er merkt plötzlich, ob er sich gerade in Details verzettelt hat, weil er gedanklich „ganz woanders" gewesen ist.

Würden auch wir fünfmal am Tag innehalten, könnten wir weit bewußter leben.

Mein Vorschlag: Besorgen Sie sich Timer, diese kleinen, preiswerten Wecker. Den ersten stellen Sie auf 90 Minuten, den zweiten auf 60 Sekunden. Wenn der erste klingelt, aktivieren Sie den 60-Sekunden-Timer. Leben Sie jetzt eine Minute voll bewußt im Hier und Jetzt. Stellen Sie fest, wie hastig oder flach Sie atmen, ob Ihnen der Rücken weh tut, weil Sie verkrampft gesessen haben, ob Sie vielleicht ein bißchen frische Luft brauchen. Wenn der 60-Sekunden-Timer piepst, starten Sie den 90-Minuten-Timer neu.

Auf diese Weise kommen Sie alle eineinhalb Stunden ins Hier und Jetzt zurück.

17. Muß man sich an die Büromode halten?

Zunächst ist festzuhalten, daß gleiche Kleidung als Signal der Gruppenzugehörigkeit universellen Charakter hat. Das stellte z.B. der englische Anthropologe Martin Page fest. Er arbeitete während seines Studiums jeweils ein halbes Jahr in einem großen amerikanischen Unternehmen, die andere Hälfte des Jahres brachte er im afrikanischen Busch zu. Er verglich die hierarchischen Lebensformen der sogenannten Wilden mit denen unserer sogenannten zivilisierten Menschen und entdeckte, daß in beiden Welten dieselben Führungsmechanismen und fast identische Riten vorherrschen. Jedes Stammesmitglied trug die gleiche Kleidung. Nur der Häuptling und der Medizinmann durften sich etwas Besonderes erlauben. Für die anderen wäre es gefährlich gewesen, aus der Reihe zu tanzen. Der Gedanke der „Corporate Identity", der Firmenkultur (beziehungsweise Stammeskultur), wäre verletzt worden.

Kleidungsvorschriften hängen sehr von der Branche ab, in der man arbeitet. Banken mit vielen älteren beziehungsweise konservativen Kunden fordern andere „Klamotten" als flippige Werbeagenturen. Allerdings werden die Kleiderordnungen langsam, aber sicher durchlöchert, und zwar in dem Maße, in dem sich Tele-Working ausbreitet: Wer zu Hause vor seinem Computer sitzt, trägt eher Freizeitkleidung. Wenn er ein- oder zweimal die Woche in der Firma erscheint, ist die Wahrscheinlichkeit größer, daß er das in Jeans tut, als bei jemandem, der täglich in ein Büro geht, in dem man sich formell kleidet.

18. Mein Chef soll mir mehr zutrauen

Wenn Ihr Chef Ihnen mehr zutrauen soll, dann warten Sie nicht, bis er auf Sie zukommt, sondern ergreifen Sie die Flucht nach vorn, und nutzen Sie das „Wetten-daß-Prinzip".

Sie können zum Beispiel sagen: „Lieber Chef, Sie haben mir zwar eine interessante Aufgabe übertragen, aber ich fürchte, Sie werden mir alle fünf Minuten über die Schulter gucken und sich einmischen." Damit signalisieren Sie ihm: „Wetten, daß du mir die Aufgabe nicht zutraust?"

Er wird von den Socken sein, denn so hat er es noch nie gesehen, und Ihnen signalisieren: „Top, die Wette gilt." Jetzt sagen Sie: „Ich lerne es nie, wenn Sie immer eingreifen. Können Sie den Mut aufbringen, mir zuzugestehen, daß ich vielleicht mal einen Fehler mache, aus dem ich lernen kann? Ich bin ja bereit, die Arbeit toll zu machen, aber es geht nicht, wenn Sie mir nichts zutrauen."

In der Regel wird das Erstaunen auslösen, weil wir den Menschen auf etwas gebracht haben, das er zwar unbewußt weiß, aber sich selbst gegenüber nie zugegeben hat.

19. Bei uns im Büro stehen alle Türen offen, auch beim Chef. Warum reagiert er dann so oft pikiert, wenn ich sein Zimmer betrete?

Früher war es Sitte in deutschen Büros, daß Chefs ihre Türen geschlossen hielten. Jemand, der mit dem Chef sprechen wollte, mußte anklopfen und auf das „Herein“ warten. Heute haben viele Firmen die amerikanische Umgangsform übernommen, das heißt: Die Türen stehen offen. Leider haben wir einen wesentlichen Aspekt des amerikanischen Umgangs mit offenen Türen **nicht** begriffen. Ein Amerikaner, der an der offenen Bürotür steht und eintreten möchte, wird **nie** hineingehen. Er wird im Türrahmen stehen bleiben (in der Regel sogar eine Hand an den Türrahmen legen) und warten, bis der andere ihn gesehen hat. Falls der Chef gerade konzentriert arbeitet, wird er vielleicht sagen: „Entschuldigung…“ und warten, bis der andere aufschaut, um dann hinzuzufügen: „Haben Sie einen Augenblick Zeit?“ Erst wenn der andere nickt oder sagt: „Kommen Sie herein“, betritt man das Zimmer. Wenn Sie so vorgehen, kann der Zimmerbesitzer nicht pikiert schauen, denn jetzt hat er Sie ja eingeladen.

20. Wie beruhige ich einen Choleriker?

Gar nicht! Das Problem des Cholerikers ist der Jähzorn. Wie das Wort schon sagt, ist das ein Zorn, der jäh (unvermittelt, plötzlich, unvorbereitet) aus dem Menschen herausbricht. Es gibt verschiedene Theorien darüber, wieso es dazu kommt, wobei alle davon ausgehen, daß es sich um Schmerzen oder Ängste handelt, die im Unbewußten stecken. Diese werden durch gewisse Umweltreize ausgelöst, also aus dem Unbewußten heraus ins Bewußtsein transportiert. Da der Betroffene den Prozeß selber nicht versteht, glaubt er, es müsse mit dem Geschehen im Hier und Jetzt zu tun haben. Er wird behaupten, unser Anliegen, unser Handeln oder unsere Bemerkung sei absolut unmöglich, um den für ihn selbst unerklärlichen Ärger auszuleben. Solange ein Choleriker nicht wirklich bereit ist, an seinem Jähzorn zu arbeiten, können andere Menschen diesen Prozeß leider nicht verhindern. Das einzige, was Sie tun können, ist, durch Ihr Verständnis für die Situation (und seine Hilflosigkeit) nicht mehr so zu leiden, wenn der Choleriker Sie wieder einmal als Zielscheibe für seine Ausbrüche benutzt.

Salopp ausgedrückt: Choleriker sind eigentlich keine „fiesen Schweine“, sondern „arme Schweine“.

21. Wie komme ich aus einer Krise heraus, in der ich nur noch negative Gedanken habe?

Ihre Frage zeigt, daß Sie den wesentlichen Knackpunkt bereits begriffen haben, nämlich daß es Ihre eigenen negativen Gedanken sind, die Sie bisher daran gehindert haben, aus der Krise herauszukommen. Damit haben Sie den ersten entscheidenden Schritt bereits getan. Der zweite Schritt: Lesen Sie das Buch von Anthony Robbins *Das Robbins Power Prinzip. Wie Sie Ihre wahren inneren Kräfte sofort einsetzen können,* wobei ich Ihnen empfehle, mit den Kapiteln 8 und 9 zu beginnen. Der amerikanische Erfolgstrainer beschreibt in diesen Kapiteln klar, verständlich und sofort nachvollziehbar, wie man dem negativen Teufelskreis entkommen kann. Sie müssen weit weniger Mühe aufwenden, als Sie im Moment annehmen.

Beispiel: Wenn Sie denken, etwas sei „ein Problem" (oder gar ein „Riesenproblem"), wird Ihr Verstand das „Problematische" an der Situation suchen **und** finden. Das hat damit zu tun, wie unsere Wahrnehmungsmechanismen funktionieren. Einen Hinweis darauf gibt schon das Bibelwort: „Suchet, so werdet ihr finden." Denken Sie hingegen, die Situation stelle eine „faszinierende Aufgabe" dar, wird Ihr Verstand sich auf eine **faszinierende Aufgabe** einstellen, die es zu **lösen** gilt. Auch Buddha kannte diesen Zusammenhang, als er sagte: „Du bist, was du denkst." Denken Sie vorwiegend negative Gedanken, dann muß das Ihre Situation nachhaltig verschlimmern. Lernen Sie hingegen, konstruktiv zu denken, dann und nur dann können Sie Krisen meistern. Denn jede Krise beinhaltet – wie das chinesische Wort für „Krise“ zeigt – beides: erstens eine „Gefahr“ und zweitens eine „gute Gelegenheit“. Letztere kann jedoch nur **finden**, wer **sucht.**

22. Wie kann ich mich motivieren, wenn ich durchhänge?

Suchen Sie ein stilles Eckchen, wo niemand Sie stören kann (meinetwegen die Toilette) – und probieren Sie zu lächeln! Zwar werden Sie keine Lust dazu haben und anfangs auch nur eine Grimasse zustande bringen, aber das macht nichts. Die Hauptsache ist, daß Sie Ihre Mundwinkel anheben! Denn das löst eine Kettenreaktion aus: Gehen Ihre Mundwinkel hoch, drückt ein Muskel in jeder Wange auf einen Nerv. Das signalisiert dem Gehirn: Dein Besitzer lächelt. Sofort schüttet es Freude-Hormone aus, eine Art körpereigene Morphine. Und Freude-Hormone „fressen" Kampf-Hormone auf. Das ist ein neurophysiologischer Vorgang, so ähnlich, als schlüge der Arzt mit einem Hämmerchen auf Ihr Knie – es geht nach vorn, ob Sie wollen oder nicht.

Wenn Sie stocksauer sind und jemand bringt Sie zum Lachen, würden Sie in 10 Sekunden den ganzen Streß aus dem Körper lachen (das erleben wir nur selten). Mit dem „Lächeleffekt" funktioniert es genauso. Der Prozeß ist jedoch weniger intensiv, daher dauert er 60 Sekunden.

Sie können auch gern die Gegenprobe machen, die Idee stammt von dem amerikanischen Pädagogen Dale Carnegie (der Altvater des Erfolgstrainings): Stellen Sie sich aufrecht hin, Brust raus, gut durchatmen, klarer Blick in den Raum – und nun sagen Sie: „Ich fühle mich ganz klein und winzig." Na? Funktioniert es?

5 Lächel-Tips

Tip 1: Lächeln Sie, ehe Sie den Telefonhörer abheben. Dieser Trick bewirkt ein positiveres Klima für das Gespräch.

Tip 2: Machen Sie die Übung, wenn Sie verärgert sind. Sie werden nicht nur erleichtert, Sie bekommen auch einen „klaren Kopf".

Tip 3: Lächeln Sie, wenn der andere verärgert ist. Sofern Sie nicht süffisant grinsen, wird das Erleichterung beim anderen bewirken.

Tip 4: Lächeln Sie, wenn Sie Fremde kennenlernen. Meist reagiert der andere offener oder freundlicher, als er sonst reagieren würde.

Tip 5: Lächeln Sie, bevor Sie einen Brief schreiben. Ihre positive Gesamtstimmung wird sich „zwischen den Zeilen" bemerkbar machen.

Smileys Lächeln

Der weltberühmte Smiley soll Sie dazu animieren, sich selbst und anderen öfter ein Lächeln zu schenken und vor allem die Dinge, die uns oft ärgern, mit mehr Humor zu sehen.

23. Wie stelle ich fest, ob ich für schwierige Aufgaben geeignet bin?

Am besten, indem Sie es ausprobieren. Meist **meint** man nur, zu dumm oder zu unbegabt zu sein, was aber gar nicht der Fall ist. Solche Fehleinschätzungen kommen in der Regel aus der Kindheit, als man tatsächlich noch zu klein, zu schwach etc. war. Deshalb stellen Sie fest, inwieweit Ihre Ängste (un-)berechtigt sind. Im Zweifelsfall gehen Sie die Aufgabe schrittweise an: Lernen Sie, „Teilaspekte“ der Aufgabe separat zu lösen.

Angenommen, Sie wollen testen, ob Sie für das Kochen „geeignet“ sind. Dann beginnen Sie zuerst mit einem Teilbereich, z.B. Salaten. Erst dann folgt der nächste Teilbereich, z.B. Suppen. Wenn Sie sich später an Pfannengerichte wagen, beginnen Sie zuerst mit Bratkartoffeln, ehe Sie die ersten Steaks in die Pfanne legen.

Bei solchen Versuchen stellen Sie sehr bald fest, ob es Ihnen Freude macht. Wenn ja, dann sind Sie auch dafür geeignet. Sollten Sie feststellen, daß es Ihnen absolut keinen Spaß macht und Sie sich ständig zwingen müssen, dann erst erhebt sich die Frage, ob Sie für diese Aufgaben möglicherweise doch nicht geeignet sind.

Wie lerne ich eine schwierige neue Aufgabe?

Das Hauptproblem bei „schwierigen Aufgaben“ liegt nicht in ihrer „Schwierigkeit“, sondern in der Tatsache, daß wir zuviel auf einmal lernen wollen, uns damit schwertun und dann vorzeitig den (falschen) Schluß ziehen, wir seien dafür nicht geeignet.

1. **Verschaffen Sie sich vorab einen Überblick**
   Stellen Sie fest, ob Sie wissen, wie die Tätigkeit im einzelnen aussehen **sollte**. Sorgen Sie dafür, daß Sie jemanden bei dieser Tätigkeit beobachten (oder ein Video sehen) können, damit Sie ein „Bild“ davon bekommen.

2. **Beginnen Sie mit Teilbereichen**
   Wenn Sie Autofahren lernen wollen, können Sie auf einem Stuhl sitzen und üben, mit dem linken Fuß auf die Kupplung zu „steigen“, während Sie gleichzeitig mit dem rechten Gas geben. Dann üben Sie, mit dem rechten auf die Bremse zu „treten“ usw. Wenn Sie diesen Ablauf im „Trockentraining“ gelernt haben, können Sie sich am Steuer auf das Lenken und andere Aspekte konzentrieren, ohne **gleichzeitig** in diesem Augenblick auch die Fußarbeit lernen zu wollen. Oder wenn Sie mit dem Computer ein Manuskript erstellen wollen, dann ist die Erfassung der Texte (z.B. das Eintippen) nur **ein** Aspekt, der Seitenaufbau (wohin sollen Text, Bilder und Überschriften usw.) ist **ein** weiterer

Aspekt. Wenn Sie zuerst die „Fußarbeit“ (Erfassen von Texten) lernen und erst **anschließend** den Seitenaufbau, dann wird **jeder** Lernvorgang einzeln einfach zu bewältigen sein.

3. **Gehen Sie langsam vor!**
Eines der Hauptprobleme ist die **Ungeduld**. Wenn Sie gewisse neue Abläufe anfangs mehrmals voll konzentriert, aber in „Zeitlupe“ durchführen, dann kann Ihr Gehirn die nötige Doppelarbeit leisten: Zum einen muß der Bewegungsablauf (z.B. mit Tasten und Maus umgehen) ins Gedächtnis eingespeichert werden (damit Sie irgendwann automatisch mit dem rechten kleinen Finger auf die Ä-Taste drücken werden). Zum zweiten muß Ihr Gehirn gleichzeitig die nötigen Muskeln koordinieren, damit Sie die Tasten überhaupt drücken können, während Sie üben. Wenn Sie daher neue Abläufe mehrmals in Zeitlupe durchlaufen, werden Sie später viel Zeit sparen.

4. **Machen Sie mentale Durchgänge**
Warum sollten nur Sportler vom Mentaltraining profitieren? Wenn Sie einen neuen Vorgang zuerst in Zeitlupe durchlaufen haben, dann gehen Sie ihn noch einige Male „mental“ (also nur in Gedanken) durch. Dabei „spielen“ Sie jedes Detail geistig durch, stellen sich also vor, welcher Finger mit welchem Druck auf welcher Taste landen muß bzw. wie die Überschrift durch „Ziehen“ mit der Maus vergrößert wird usw. Beim mentalen Durchlaufen muß Ihr Gehirn nur den oben erwähn-

ten ersten Arbeitsgang nachvollziehen, weil Sie die Muskeln ja im Moment nicht tatsächlich bewegen. Auch dadurch sparen Sie eine Menge Zeit.

5. **Wenn etwas „problematisch" erscheint, gehen Sie einen Schritt zurück**
   Wenn Sie plötzlich nicht mehr wissen, wie Sie einen Textteil am Computer unterstreichen können, wissen Sie aber vielleicht noch, wie man Texte durch Fettdruck hervorhebt. Durchlaufen Sie jetzt diesen Prozeß (mental). Dabei fällt Ihnen z.B. ein, daß Sie eine bestimmte Taste (links) gleichzeitig mit Taste „F" (für Fettdruck) drücken müssen, und **plötzlich fällt Ihnen wieder ein**, daß das Unterstreichen genauso geht, nur daß Sie diesmal ein „U" statt des „F" drücken müssen.

Merke: Durch Vergleichen mit ähnlichen Abläufen fällt Ihnen das Neue leichter wieder ein als durch die verzweifelte Frage: Wie mache ich jetzt das und das?

Weitere Gedanken zur selben Thematik finden Sie unter „Berufseignung" (S. 34).

24. Was bedeutet der „starre“ Blick? Und: Soll man Leute dabei stören?

Wenn wir den „starren“ („leeren“) Blick bekommen, heißt das: Unser Körper erzwingt sich eine Mini-Pause. Deswegen sollte man den anderen keinesfalls ansprechen oder mit den Fingern schnippen, um ihn „herauszuholen“. Man nimmt ihm sonst die entspannenden „Alpha-Wellen“ (im Gehirn), die sein Körper erzwungen hat, weil er sie braucht! In den Momenten des „leeren Blicks“ können wir keinen klaren Gedanken fassen. Fragen Sie einmal jemand, der ins Leere gestarrt hat: „Was hast du gerade gedacht?“ Er wird es nicht wissen. Wenn man diesen Zustand bei Bedarf zwei bis drei Minuten bewußt herbeiführt, bedeutet das für den Körper echte Erholung: Bilden Sie dazu ein „Dach“ mit beiden Zeigefingern vor ihrem Gesicht. Starren Sie darauf. Dann ziehen Sie langsam beide Hände auseinander, wobei der Blick dort bleibt, wo die Zeigefinger sich befunden haben. So schaffen Sie bewußt den „starren Blick“. Nun legen Sie beide Hände bequem auf den Tisch oder in den Schoß und versuchen nichts anderes, als den „starren Blick“ so lange wie möglich zu halten. Anfangs werden Sie die Zeigefinger immer wieder zu Hilfe nehmen müssen, bis Sie gelernt haben, den normalerweise unbewußten Mechanismus des „starren Blicks“ **bewußt** einzusetzen.

Das Interessante an dieser Übung ist folgende Tatsache: Nur solange man nichts Konkretes denkt, kann man diesen

Blick halten. Also ist dies eine echte Denk-Pause, sie führt sehr schnell in die (sekundenlange) Kunst, nichts zu denken, ein, die wir normalerweise mit Meditation verbinden.

Zusatztip: Sonnenbad für die Augen

Einerseits wissen wir, daß wir nicht direkt in die Sonne schauen sollen, andererseits ist es lebensnotwendig, daß Sonnenlicht auf unsere Augen trifft, weil dadurch ein Gehirnareal aktiviert wird. Der Trick besteht darin, mit geschlossenen Augen in die Sonne zu „schauen". Setzen oder stellen Sie sich bequem hin, und lassen Sie Ihr Gesicht bei geschlossenen Augen (selbstverständlich ohne Brille oder Sonnenbrille) bestrahlen. Wenden Sie dabei den Kopf langsam von rechts nach links sowie von oben nach unten, so daß die Pupille (hinter den Augenlidern) von allen Seiten von der Sonne „gestreichelt" wird. Zwei- bis dreimal täglich einige Minuten wäre optimal. Im Zweifelsfall gilt natürlich: Weniger ist besser als nichts.

25. Gibt es eine Methode, sich schnell zu erholen?

Es gibt eine sehr interessante Technik: das „Palmieren“. Der Begriff leitet sich vom englischen „palm“ her, was „Handfläche“ bedeutet. Beim Palmieren bedecken Sie beide Augen mit Ihren Handflächen, wobei Sie die Handballen auf der Wange aufstützen und die Handflächen gewölbt halten, so daß das Auge **nicht** berührt wird. In dieser „Sicherheitszone“ können die Augen sich entspannen. Wenn sich aber die Augen entspannen, entspannen sich auch andere Muskeln im Gesicht und in der Nackengegend, so daß diese Übung eine einfache Kurzentspannung bietet. Je häufiger Sie die Übung zwischendurch machen, desto seltener werden Sie den Erschöpfungszustand erleiden müssen. Nach dieser Übung sind Sie völlig im Hier und Jetzt und können konzentriert weitermachen.

26. Wie schaffe ich es, mich eher aufzuraffen?

Machen Sie eine Liste von den Dingen, die Sie vor sich herschieben, und bewerten Sie sie auf einer Skale von 0 bis 100 (0 bedeutet „gar nicht wichtig“, 100 „extrem wichtig“). Alles, was im Bereich 70 bis 100 Prozent liegt, sollte angegangen werden. Sie werden aber überrascht feststellen, daß Ihnen viele Punkte gar nicht wichtig sind. Entscheiden Sie sich, diese Dinge fallenzulassen, anstatt sie mit einem vagen „Irgendwann werde ich vielleicht einmal…“ vor sich herzuschieben! Dann bleiben wesentlich weniger Punkte übrig, die Sie tatsächlich in Angriff nehmen wollen. Da Sie sich gerade selber klargemacht haben, welche Punkte Ihnen wirklich wichtig sind, wird es Ihnen leichter fallen, sich aufzuraffen. Falls Sie Probleme haben, einen Punkt auf der Skala einzuordnen, dann stellen Sie sich doch die umgekehrte Frage: „Wie groß wird mein Leidensdruck sein, wenn ich die Sache **nicht** unternehme (oder erledige)?“

27. Ich werde immer so schnell rot – was kann ich dagegen tun?

Nach Milton Erickson, einem der brillantesten Hypnotherapeuten der Welt, kann man eine Reaktion, die man vermeiden möchte, am besten dadurch stoppen, daß man sich den paradoxen Befehl erteilt, eben diese Reaktion zu zeigen. Zum Beispiel: Jemand, der Angst vor Erröten hat, nimmt sich in einer solchen Situation ganz fest vor: „Innerhalb der nächsten zwei Sekunden erröte ich jetzt.“ Dadurch wird das Erröten gestoppt. Ähnlich können Sie denken: „Ich werde exakt in zwei Sekunden zu weinen beginnen.“ Durch diese absurde innere Aufforderung stoppen Sie den normalerweise unbewußten Prozeß mit ihrem Bewußtsein.

28. Warum passieren mir immer so unangenehme Dinge?

Ein besonders wichtiger Faktor, der jede Kommunikation beeinflußt, ist unser Selbstwertgefühl. Dieses hängt von unseren Erwartungen (aus der Vergangenheit) ab, und diese wiederum bestimmen, wie wir die Gegenwart wahrnehmen. Buddha drückte es so aus:

„Du bist heute, was du gestern gedacht hast." Oder auf die Zukunft gerichtet neu formuliert: „Du wirst morgen sein, was du ab heute gedacht haben wirst." Die moderne Wissenschaft spricht von der „selbsterfüllenden Prophezeiung" (S.E.P.).

Wer glaubt, die meisten Menschen würden ihn ablehnen, wird zwangsläufig viele „schwierige" Gespräche erleben „müssen". Oder wer vorher schon „weiß", er wird etwas bestimmt nicht schaffen, (z.B. eine Fremdsprache zu lernen), der beweist sich (unbewußt) lieber die Richtigkeit seiner be-**grenz**-ten Erwartungshaltung, als frei zu handeln, um zu sehen, was (dieses Mal) tatsächlich geschieht. Das drückt ein Satz der berühmten Möwe Jonathan aus: „Glaube an Grenzen, und sie gehören dir!"

Aber Sie können gegensteuern: Lernen Sie, Ihre Grenzen systematisch zu erweitern! Wagen Sie zuerst kleine Schritte (z.B. die erste Lektion eines Spachkurses zu bewältigen), und schaffen Sie neue Erwartungshaltungen.

So können Sie Ihre S.E.P.s „austricksen“: Wenn Ihre Erwartungshaltung sich auf eine (ganze) Fremdsprache bezieht, Sie jedoch nur eine Lektion lernen, dann umgehen Sie die alte Prophezeiung, indem Sie eine neue schaffen. Oder wenn Sie glauben, die meisten Menschen fänden Sie „nicht sehr interessant“, dann lernen Sie, andere Menschen interessant zu finden, und Sie werden sehen, wieviel gute Kontakte Sie plötzlich erleben. Bitte lassen Sie sich von der scheinbaren „Banalität“ des Gedankens nicht daran hindern, den Versuch zu machen! So vervollkommnen Sie zum einen gezielt einzelne Fertigkeiten, während Sie gleichzeitig Ihr Selbstwertgefühl laufend verbessern, was alles (inklusive aller Kommunikationssituationen) wesentlich erleichtert! Welches wären z.B. Fertigkeiten, von denen Sie bisher gerne behauptet (oder gedacht) haben: „Das kann ich nicht!“ (bzw. „Das schaffe ich nie!“)? Welche davon würden Sie gerne meistern, wenn die S.E.P. Sie nicht daran hindern würde? Angenommen, Sie möchten frei reden können? Wie lautet die Beschreibung eines möglichen ersten Schrittes in diesem Fall? (Z.B. eine kurze Aussage im Meeting morgen knapp und präzise auf den Punkt bringen.) Welche weiteren Schritte könnten diesem ersten folgen?

Nun die letzten beiden Fragen: 1. Werden Sie konkret etwas unternehmen? 2. Wann werden Sie anfangen?

Weitere Gedanken zur selben Thematik finden Sie unter „Ärger“ (S. 13), „Feind“ (S. 64), „Relativieren“ (S. 146) und „Wut“ (S. 190).

29. Wie bezeichne ich meine Mitarbeiter korrekt?

Inwieweit beeinflußt das Etikett, das Sie sich (und anderen) anheften, wie Sie sich (und wie andere sich) „sehen"?

Haben Sie schon einmal darüber nachgedacht, was es für das Selbstverständnis Ihrer Mitarbeiter bedeutet, wie Sie sie bezeichnen, z.B. wenn Sie in Anwesenheit einiger über alle (oder über einige abwesende) sprechen? Sind das Ihre „Untergebenen" oder Ihre „Leute"? Ist das „die Mannschaft" (ohne Rücksicht auf weibliche Teammitglieder)? Sind Ihre Verkäufer Ihre „Burschen" (oder „Jungs"), oder wählen Sie gar den Begriff „der Außendienst", wenn Sie von Menschen sprechen? Bezeichnen Sie Ihre hochqualifizierten Fachleute vielleicht (angeblich im Scherz) als „Schreibtischhengste"? (Dies sind übrigens alles Bezeichnungen, die meine Kunden benutzten, ehe ich sie auf die Wirkung ihrer Worte aufmerksam machte.)

Und wie sprechen Sie von Ihren Kunden? Welche Begriffe kursieren in Ihrer Firma/Abteilung, wenn Sie von den Menschen sprechen, die letztlich Ihr Einkommen finanzieren? Ich höre leider regelmäßig Aussagen wie „Der Trottel will doch tatsächlich …", wenn man über Kundenerwartungen spricht, oder: „Die dumme Gans sollte erst mal das Etikett lesen, ehe Sie die versaute Bluse unserer Waschmaschine anlastet" und ähnliches.

Leider ist uns der Zusammenhang zwischen Sprache und unserer Wirklichkeit meist nicht bewußt; denn als wir Sprache bewußt wahrnahmen, waren wir noch zu klein, um die Auswirkungen zu begreifen, und als wir alt genug waren, die Zusammenhänge nachzuvollziehen, hat sie uns niemand erklärt. Vielleicht kann das folgende Fallbeispiel Sie anregen, über Parallelen in Ihrem Leben zu reflektieren:

Ein Transportunternehmen in den USA konnte die Anzahl der falsch verladenen Güter in kürzester Zeit drastisch verringern. Man teilte den Arbeitern mit, daß sie ab jetzt **Speditionsexperten** seien. Anthony Robbins, der über die Studie berichtet: „Zunächst fanden die Leute diesen Schritt merkwürdig, welchen Unterschied sollte eine neue Berufsbezeichnung bewirken? Aber bald begannen sich die Arbeiter als Experten zu fühlen, und in weniger als 30 Tagen konnte die Fehlerquote beim Versand von 60 Prozent auf unter 10 Prozent gesenkt werden. Das kam einer Kostenersparnis von einer Viertelmillion Dollar pro Jahr gleich."

Welche unglaublichen Ressourcen könnten Sie in Ihrer Firma/Abteilung be-**frei**-en, wenn Sie die Macht der Worte einkalkulieren würden? Meinen Sie nicht, daß es sich lohnen würde, hierüber nachzudenken?

30. Fehler machen mich so sauer!

Gute Kommunikation setzt voraus, daß wir mit uns selbst „gut klarkommen“, daß wir also lernen, mit Aspekten umzugehen, die auf unser Selbstwertgefühl „drücken“ könnten.

Was empfinden Sie, wenn Sie einen Fehler gemacht haben? Ist es Ihnen peinlich? Warum? Eigentlich müßten Sie in Ihrem ganzen Leben nie mehr Angst vor einem Fehler haben! Diese Angst ist nämlich nicht angeboren, sie wurde uns anerzogen. Als Kinder konnten wir aus jedem Fehler profitieren. Diese Einstellung gilt es wiederzugewinnen, und das ist leichter, als Sie vielleicht zunächst annehmen:

Das Geheimnis liegt in einem Verfahren, das eine „intelligente“ Raumfähre anwendet. Ständig vergleicht sie Ist- und Soll-Zustand. Stellt sie eine Abweichung fest, sagt sie nicht: „Wie furchtbar, ich bin drei Grad vom Kurs abgekommen“, sondern: „Ich muß meinen Kurs um drei Grad korrigieren.“

Was zählt, sind **nicht** die Irrtümer auf dem Weg, sondern daß wir aus unseren Fehlern **lernen** können. Fragen Sie sich also bei einem Fehler ab heute immer:

1. Worin liegt die Ursache dieses Fehlers?
2. Wie kann er in Zukunft vermieden werden?
3. Was kann ich heute aus diesem speziellen Fehler lernen?

So wird jeder Fehler zur Quelle eines Aha-Erlebnisses. Er wird Sie sicher be-**reich**-ern und Ihnen helfen, Ihre Ziele in Zukunft noch erfolg-**reich**-er zu er-**reich**-en.

Wenn Ihnen einleuchtet, daß Fehler eigentlich die Quelle zukünftiger Erfolge sind, dann werden Sie in Zukunft auch mehr Geduld und Verständnis für Fehler Ihrer Mitmenschen aufbringen; ob das Ihre Kinder sind, Ihr Lebenspartner, ein Kunde (der die Gebrauchsanweisung nicht gelesen hat, ehe er anrief), eine Kollegin oder Ihr/e Chef/in. Auch Führungskräfte sind ja bekanntlich menschlich, und das Fehler-Machen gehört nun einmal zum Menschsein!

Das einzige, was wir begreifen müssen, ist dies: Das Problem ist niemals der Fehler an sich. Das Problem ist unsere Angst vor Fehlern. Erinnern wir uns an die Ungeduld der Eltern („Paß doch auf!!") oder an die rot angestricheenen und schlecht benoteten Fehler in der Schule, dann erinnern wir uns, daß wir die lähmende Angst vor Fehlern einmal gelernt haben. Gelerntes kann jedoch Gott sei Dank von intelligenten und flexiblen Menschen auch wieder verlernt werden. Aber nur, **wenn** wir uns den einzigen „dummen" Fehler (= die Scheu vor Fehlern nämlich) abgewöhnen können, weil wir Nutzen aus dieser Einsicht gezogen haben. Können Sie das?

31. Wie gehe ich mit Gegnern um, ohne daß mich feindselige Gefühle blockieren?

Es gibt eine alte esoterische Weisheit: „Jeder Mensch, der Ihnen begegnet, ist entweder Ihr Freund oder Ihr Lehrer (im Sinne von Coach)." Mit „Freund" beschreibt diese Weisheit Menschen, die mit uns **einig** sind, mit denen wir also leicht kommunizieren können, weil sie uns keine Probleme bereiten. Andere Menschen empfinden wir möglicherweise (oft unbewußt) als Gegner oder als „Feinde". Und gerade diese sollten wir als „Lehrer" (Coach) sehen. Was bedeutet das in der täglichen Praxis? Angenommen, es fällt Ihnen auf, daß Sie zu oft verärgert reagieren, dann ist jede Situation, in der jemand sie „reizt", eine hervorragende Trainingsmöglichkeit. Betrachten Sie ab heute jeden „Feind" als Ihren Trainingspartner, der Ihnen hilft, Ihre guten Vorsätze zu üben und zu verwirklichen.

Weitere Gedanken zur selben Thematik finden Sie unter „Ärger" (S. 13), „Erwartungen" (S. 58), „Relativieren" (S. 146) und „Wut" (S. 190).

32. Warum hält man oft an aussichtslosen Sachen fest?

Lassen Sie mich mit einer Information beginnen, die anscheinend nichts mit Ihrer Frage zu tun hat: Arbeitselefanten in Indien werden abends mit einem dünnen Seil an einem Bambuspfosten festgebunden, was die Frage aufwirft: Warum läuft der Elefant nicht weg, obwohl er es könnte? Die Antwort liegt in der Kindheit des Elefanten, als er mit einer Kette an einem Holzpflock festgemacht war und sehr schnell gelernt hat, daß es aussichtslos ist, fliehen zu wollen. Deswegen braucht man den erwachsenen Elefanten nur noch mit einem dünnen Seil an seine „Gebundenheit“ zu erinnern. Es gibt allerdings eine Ausnahmesituation, in der der Elefant vergißt, daß er „gebunden“ ist: Wenn es brennt!

Nun zu Ihrer Frage: Welches Feuer müssen Sie entzünden, um Ihrer aussichtslosen Sache entkommen zu können, beziehungsweise, worin besteht das „Seil“, das Sie hält? Wenn Sie diese Fragen beantworten, dann haben Sie verstanden, daß Sie der „Gebundenheit“ entkommen können.

33. Gibt es dumme Fragen?

Nein, nur dumme Antworten. Überlegen Sie bitte: Wenn ein Mensch es wagt, einzugestehen, daß er etwas **nicht** weiß, dann ist er auf alle Fälle intelligenter als derjenige, der ihm vorwirft, eine dumme Frage gestellt zu haben. Außerdem könnten Sie einmal mit dem Wort „dumm" spielen: Ordnen Sie jedem Buchstaben ein Wort zu: also „D" wie „denken", „U" wie „Unklarheiten beseitigen wollen", „M" wie „Meinung bilden wollen", das zweite „M" wie „miteinander Probleme lösen wollen". So gesehen gibt es schon „d.u.m.m.e" Fragen…

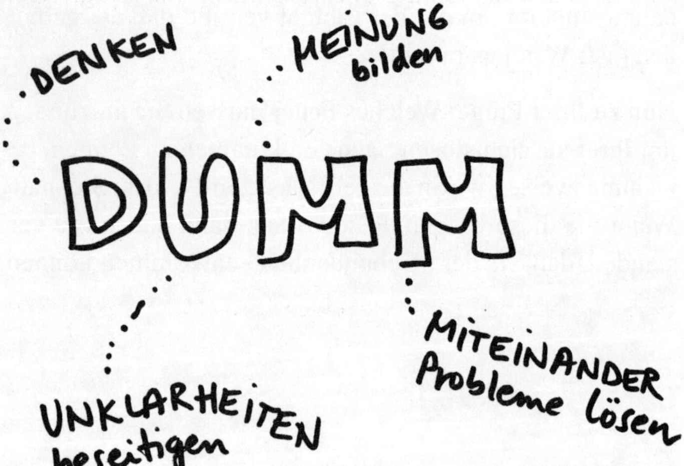

34. Was soll ich tun, wenn mich Menschen ausfragen?

Stellen Sie sich vor, daß jeder Mensch auf einer „unsichtbaren Insel“ lebt. Diese „Insel“ enthält all Ihre Erfahrungen, Hoffnungen, Ziele, Wünsche usw.

Nun möchte ich Ihnen zu der Frage drei Gedanken anbieten.

1. Viele Menschen sind nur neugierig und wollen herausfinden, was auf Ihrer „Insel“ los ist, um eine „Brücke“ zu Ihnen zu bauen. Sie haben ein echtes Interesse. Ist man selber jedoch anders „gelagert“, besteht die Gefahr, daß man von sich auf andere schließt und neugierigen Menschen **unterstellt**, sie würden eine eigennützige Strategie verfolgen und **nur deshalb** fragen, weil sie zum Beispiel ein geschäftliches Interesse an uns haben.

2. Je weniger Sie selbst von dieser Person wissen, weil Sie selbst kaum Fragen stellen, desto dramatischer wird das Ungleichgewicht.

3. Es kann sich auch um einen „Informations-Broker“ handeln, jemanden, der Informationen sammelt, hortet, weitergibt und sie zu einer Art „Währung“ macht. Wenn Sie der Überzeugung sind, mit einem solchen Menschen zu tun zu haben, können Sie entsprechend reagieren. Sagen Sie zum Beispiel: „Auf jede Frage, die ich Ihnen beantworte, beantworten Sie mir zwei, weil ich glaube, daß Sie schon viel mehr über mich wissen als ich über Sie. Einverstanden?“

Nutzen Sie auch bei Themen, die Ihnen unangenehm sind, diese Fragetechnik. Angenommen, jemand sagt zu Ihnen: „Wie ich höre, hat Ihre Ex-Frau schon wieder einen neuen Freund“, dann können Sie zum Beispiel sagen: „Interessant, daß Sie das fragen. Haben Sie Informationen, die ich noch nicht habe?“ So machen Sie seine Strategie transparent. Und: Sehen Sie es mit Humor! Wie oft haben Sie in der Vergangenheit diese „Info-Börse“ schon angezapft, weil sie **Ihnen** genützt hat?

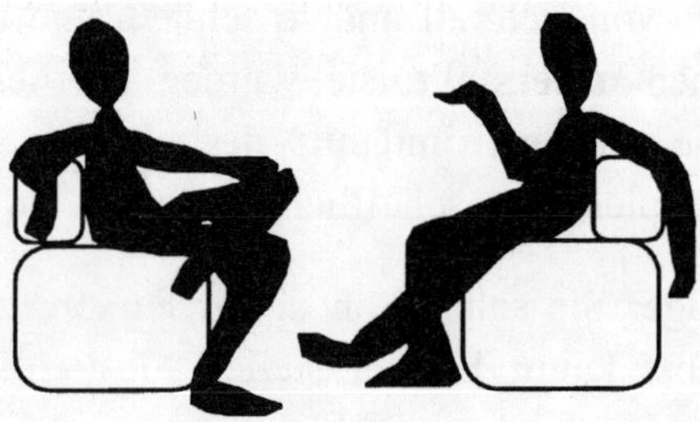

35. Wie kann ich Fremdwörter (und Fachausdrücke) besser verstehen und leichter behalten?

Wer Fremdwörter lernen muß, dem empfehle ich, in einem sogenannten ethymologischen Wörterbuch nachzuschlagen. Dort werden Wörter von ihrer Wortwurzel her erklärt. So läßt sich das Schema, nach dem Fremdwörter „gestrickt“ sind, leicht erkennen. Die meisten Fremdwörter und Fachausdrücke fallen nämlich in eine der drei Kategorien:

Kategorie 1:
Das Fremdwort leitet sich von der **Form** her. Zum Beispiel heißt das „Parallelogramm“ so, weil es die Form der beiden Linienpaare beschreibt.

Kategorie 2:
Das Fremdwort leitet sich von der **Funktion** her. Das Wort „Hormon“ wird zum Beispiel vom Götter-**Boten** Hermes abgeleitet. Das heißt: Hormone sind **Boten**-Stoffe.

Kategorie 3:
Das Fremdwort leitet sich vom **Namen des Entdeckers** her – zum Beispiel die „Alzheimer“-Krankheit.

Wenn Sie diese drei Kategorien kennen und die ersten Fremdwörter einmal so eingespeichert haben, merken Sie sich neue Fremdwörter und Fachausdrücke viel leichter.

36. Soll man Kollegen sagen, was man verdient?

Das hängt von der „Politik“ Ihrer Firma ab. Es gibt Unternehmen, da kann jeder wissen, was alle verdienen. Und es gibt Firmen, die haben es nicht so gern, wenn die Gehälter bekanntwerden – dann soll man natürlich keine Geheimnisse verraten. Zeitgemäß ist das allerdings nicht mehr. Wenn wir alle an einem Strang ziehen und das Beste für die Firma und unsere Kunden geben und zum Beispiel auch alle Kosten offenlegen, dann werden auch die Gehälter immer häufiger offengelegt. Dann verstehen alle Mitarbeiter das Gehaltsgefüge besser. Viele machen sich nämlich keine Gedanken darüber, ob sie eigentlich auch wert sind, was sie verdienen. Sie sehen nur ihre Bedürfnisse und wollen mehr…

37. Sie propagieren „gehirn-gerechtes" Denken. Was ist das?

Den Begriff „gehirn-gerecht" habe ich erfunden, um ein Vorgehen zu beschreiben, das der Arbeitsweise des Gehirns entspricht. Diese Wortbildung bezieht sich auf geistige Aktivitäten, z.B. denken, lernen, sprechen, lesen, schreiben, aktiv zuhören.

Eine Information, die Sie lesen oder hören (z.B. im Unterricht oder in einem Verkaufsgespräch), die **nicht** gehirn-gerecht ist, löst in Ihnen folgende Reaktionen aus: Langeweile, Frustration, Ungeduld, Zorn, das Gefühl „Ich bin zu blöd dazu" oder den Eindruck, die Thematik sei schwierig (oder zu trocken).

Ist eine Botschaft aber gehirn-gerecht, dann ist sie kurzweilig, Sie verstehen sie, Sie haben gute Gefühle über sich, und Sie finden das Thema interessant. Früher hat man uns oft eingeredet, Theorie sei trocken, und es sei die Aufgabe des **Lernenden**, sich darum zu bemühen, diese trockene Theorie irgendwie zu verstehen. Ich hingegen behaupte: Es gibt keine trockene Theorie, es gibt nur trockene **Theoretiker**, als da sind: Professoren, Dozenten, Lehrer, Chefs, Kundenberater und Eltern.

Um eine Botschaft gehirn-gerecht zu übermitteln, muß der Sender es dem Empfänger ermöglichen, sich ein „Bild" zu machen. Dies kann durch tatsächliche Abbildungen (Fotos, Diagramme, Zeichnungen) geschehen oder indem wir

„mit Worten Bilder malen“, das heißt Fallbeispiele, Metaphern oder Analogien verwenden. Das nenne ich den „Jesus“-Effekt, denn: Jesus, Buddha und andere große Meister, die immer auch rethorische Meister waren, sprachen in **Gleichnissen**. Jesus erzählte Fischern, sie sollten „Menschen-Fischer“ werden, und er sprach zu Bauern von einem „Samenkorn in der Erde“. Das heißt: Er benutzte **vorhandenes** Wissen seiner Zuhörer, die das „Bild“, das er malte, sofort verstehen konnten.

Tip: Wenn Sie selber Botschaften versenden, dann denken Sie bitte daran: Je klarer Ihre eigenen Vorstellungen sind, desto leichter wird es Ihnen fallen, im Kopf der Hörer oder Leser „Bilder“ zu erwecken. Und umgekehrt: Wenn Sie als Leser (oder Hörer) Botschaften **erhalten**, dann schaffen Sie bewußt „Bilder“ in Ihrem Geist. Wenn Ihnen das nicht gelingt: Stellen Sie Fragen. Sollte auch das nicht möglich sein (weil Sie einen gedruckten Text vor sich haben und den Autor nicht befragen können), dann **wissen** Sie jetzt, daß die **Verantwortung** für diese Botschaft **nicht** bei Ihnen liegt, sondern beim Sender. Quälen Sie sich also nicht länger. Suchen Sie sich einen anderen Text zu diesem Thema.*

---

* Drei meiner Bücher befassen sich mit dieser Thematik: *Stroh im Kopf?* (32. Auflage), *Stichwort Schule: Trotz Schule lernen* (10. Auflage) und *Sprachenlernen leichtgemacht* (17. Auflage).

38. Welche Geschenke kommen an?

Die Kommunikation mit dem Kunden umfaßt mehr als Worte. Oft wollen wir die Beziehung mit kleinen Präsenten erhalten oder verbessern. Aber das kann ins Auge gehen…

Sicher haben auch Sie in der Vergangenheit so manches Geschenk ausgepackt. Da entpuppt sich das kostbar Eingewickelte als Miniatur-Superuhr von drei Zentimetern mit 18 Funktionen, aber leider ist auch die 60-Seiten-Anleitung nur 3 Zentimeter groß, und die Leselupe fehlt natürlich…

Oder Sie entfalten neugierig wunderschönes Geschenkpapier, um auf ein extrem originelles Etwas zu stoßen, das laut Beipackzettel eine Batterie benötigt, nur haben Sie die passende Knopfbatterie nicht zufällig gerade herumliegen. Oder Sie entdecken ein Clipboard mit Lineal-cum-Taschenrechner, dessen Tasten so klitzeklein sind, daß Ihre fünfjahrige Nichte das Ding vielleicht bedienen könnte…

Das Komische daran ist: Wenn **wir** das in der Rolle des Beschenkten erleben, dann registrieren wir die Gedankenlosigkeit des Gebers sehr wohl. Aber wenn wir mal wieder Pro-forma-(Werbe-)Geschenke auswählen, dann zählen für uns Preis, äußeres Erscheinungsbild, ob der Lieferant für uns ausliefert usw., nicht aber, wie dieses Präsent im wörtlichen Sinn bei unserem Kunden **ankommen** wird. Diese Art von Geschenk ist schlimmer als keins, denn der

Anschein, man **wolle** Freude bereiten, löst erst recht Enttäuschung aus. Auf der anderen Seite vertieft ein wohl ausgewähltes Geschenk die Kundenbindung. Aus vielen Präsenten, die man mir im letzten Jahr gemacht hat, kann ich an den Fingern abzählen, wieviele mir davon in bester Erinnerung geblieben sind. Z.B. ein formschöner Funkwecker plus Quartz (so daß in Zeiten, da kein Funksignal empfangen wird, die Uhr sauber läuft) mit Snooze-Taste und einer knappen, glasklaren Bedienungsanleitung. Aber was mich am meisten erstaunt: Ich hole die Uhr aus ihrem Schächtelchen, und sie **geht**! Jemand hat sich die Mühe gemacht, sie herauszunehmen, die richtige Batterie einzulegen und sie dann wieder „original zu verpacken".

Also muß ich nicht erst die Anleitung lesen, ehe ich mich freuen kann! **Das** freut mich am meisten. Meine positiven Assoziationen werden meine Blicke auf die Uhr begleiten und mich **immer wieder** positiv an den Geber denken lassen...

Wie viele Präsente (vor allem an Kunden und andere „wichtige" Menschen), die Sie in der Vergangenheit gegeben haben, mögen wohl ähnlich aus der Menge von So-so-Geschenken herausgeragt haben? Spricht etwas dagegen, daß es in Zukunft **alle** sein werden?

39. Wie kann ich jemanden, der eine Gruppenidee nicht mittragen will, beeinflussen?

Wenn die gesamte Gruppe tatsächlich für das Projekt (die neue Idee) ist, dann sollten Sie (als Leiter) keine Anstrengungen unternehmen, den Abweichler auf Ihre Seite zu ziehen. Nutzen Sie lieber den Gruppendruck, und „werfen" Sie das Problem auf die Gruppe zurück. Zum Beispiel können Sie sagen: „Bis auf Herrn Müller scheinen alle dieses Projekt angehen zu wollen. Wie sehen **Sie** das?" Wenn der Gruppe die Entscheidung wichtig ist, wird die Gruppe Herrn Müller zur Raison bringen. So brauchen Sie als Leiter nichts zu unternehmen. Sollte die Gruppe die Entscheidung aber nur getroffen haben, um die Diskussion zu beenden und nicht, weil sie wirklich dieser Meinung ist, dann kann jetzt eine neue Diskussion entstehen, die mit einer anderen, aber gemeinsam getragenen Gruppenentscheidung endet.

Beispiel: Die Gruppe hat sich (scheinbar) für ein neues Textverarbeitungssystem entschieden. Nur der Herr Müller ist dagegen. Wenn Sie das Problem auf die Gruppe zurückwerfen, ergeben sich zwei Möglichkeiten: Entweder die Gruppe hört jetzt (zum erstenmal) den Argumenten von Herrn Müller zu und beginnt, noch einmal ernsthaft nachzudenken. Oder die Gruppenmitglieder werden ihre Überzeugung jetzt auch Herrn Müller „verkaufen" können, weil sie ihre Argumente zum erstenmal an **ihn** richten.

40. Wie gehe ich mit jemandem um, der nur Hektik verbreitet?

Bei einem Menschen, der Hektik verbreitet, sollten wir zwischen dem „kleinen Ich“ und dem eigentlichen Kern unseres Wesens unterscheiden. Die Aufgabe des wahren Selbst besteht darin, das Leben zu meistern und die persönliche Entwicklung voranzutreiben. Solche Menschen fragen sich, wenn sie Fehler machen, was sie daraus **lernen** können. Sie haben auch Verständnis, wenn andere Menschen Fehler machen. Sie haben klare Prioritäten und können deshalb leichter Entscheidungen treffen. Zum Beispiel die Entscheidung, wieviel Arbeit sie an einem Arbeitstag schaffen können. Anders ein Mensch, der vom „kleinen Ich“ angetrieben wird: Das „kleine Ich“ verliert sich in unwichtigen Details. Es ist viel zu beschäftigt, **in den Augen anderer** gut dazustehen, wodurch die eigentlichen Aufgaben oft nicht richtig eingeschätzt werden können. Solange dieser Mensch nur sich selber schadet, ist es allein sein Problem. Wenn er aber versucht, andere in seine Ich-Spiele einzubeziehen, sollten Sie sich wehren. Blicken Sie dem Menschen fest in die Augen und sagen Sie zum Beispiel: „Es tut mir leid, aber ich muß (dies oder jenes) **zuerst** erledigen.“ Es ist ein interessantes Phänomen: Hektiker, die ihre Betriebsamkeit benutzen, um sich (auch in ihren eigenen Augen) wichtig zu machen, erkennen **Gleichgesinnte**. Sie erkennen aber auch Menschen, die **nicht** mitspielen werden. Wenn Sie sich also zwei- bis dreimal höflich, aber bestimmt gewehrt haben, das Spiel mitzumachen, dann wird er in Zukunft **nicht** mehr versuchen, Sie in seine Spielchen hineinzuziehen.

Was ist das „kleine Ich"?

Geboren wird zunächst das Selbst, das eigentliche Wesen des Menschen, der jedoch einen Erziehungsprozeß durchlaufen muß, in dem er Tausende von Regeln erhält, wie man sich verhalten kann, darf, soll oder muß. Jede dieser Regeln können wir uns wie eine „Latte" in einem Lattenzaun vorstellen, der das eigentliche Selbst mehr und mehr umzäunt und ein-**grenz**-t. Bei manchen Menschen ist der „Zaun" so dicht geworden, daß es überhaupt keine Lücken mehr gibt. Das „kleine Ich", das den Zaun baut, schirmt das eigentliche Wesen des Menschen nach außen so ab, daß das „kleine Ich" alles managen kann.

Wenn sich ein Erwachsener hingegen weiterentwickelt und von der einen oder anderen engstirnigen Programmierung befreit, dann nimmt er sozusagen jedes Mal eine weitere „Latte" aus dem Zaun heraus.

Wir können das am Beispiel der Liebe deutlich machen. Die Pseudo-Liebe des „kleinen Ich" ist eine **bedingte Liebe.** („Ich liebe dich nur, solange du **tust**, was ich von dir verlange, und solange du **bist**, wie ich dich **haben** will.")

Das eigentliche Wesen des Menschen ist hingegen zur bedingungslosen Liebe fähig, also einer Liebe, die durch keinerlei Bedingungen des „kleinen Ich“ be-**grenz**-t wird. Je mehr „Latten“ aus dem „Zaun“ entfernt werden, desto mehr wahre Liebe kann durch die Lücken „herausstrahlen“. Das spürt jeder, der mit so einem Menschen in Verbindung kommt.

41. Wie werde ich Kletten los, die mich dauernd um Rat fragen?

Wahrscheinlich machen Sie den Fehler, daß Sie Ratschläge geben. Eine Ratsuchende oder ein Ratsuchender will jedoch keine konkreten Ratschläge, sondern Ihre Hilfe (was nicht identisch ist).

Wenn ein Mensch nämlich um Rat fragt, war er bisher unfähig, seine Situation von verschiedenen Seiten zu beleuchten oder einen Überblick zu bekommen. Er denkt nur an viele Details und kann das Ganze oft nicht klar erkennen.

Nehmen wir eine Urlaubsreise. Der Reisewillige denkt zum Beispiel daran, was er in den Koffer packen soll, wie das Essen am Urlaubsort sein wird, ob ihm das wohl bekommt, ob das Wasser verschmutzt sein wird und so weiter. Er denkt nie an den gesamten Urlaub. Am Reisemorgen, bevor er ins Taxi steigt, fällt ihm ein: „Um Himmels willen, was mache ich mit dem Hund?"

Wenn Menschen um Rat fragen, meinen sie in Wirklichkeit: **„Bitte, hilf mir denken!"** Deshalb: Geben Sie keinen konkreten Rat, bieten Sie auch nicht an, irgendwelche Dinge zu übernehmen, sondern stellen Sie **Fragen**, die diesem Menschen helfen, seine Situation klarer zu sehen.

Zwei interessante Dinge werden passieren: Die Leute, die echte Hilfe brauchen, kommen wieder. Aber die Schwätzer, die zwanghaft um Rat fragen, weil sie keine Lust haben, selbst über ihre Arbeit oder ihr Leben nachzudenken, die kommen nach einer Weile nicht mehr zu Ihnen. So trennen Sie die Spreu vom Weizen.

42. Wie kann ich verhindern, daß ich zu häufig meine Hilfe anbiete und es hinterher bereue?

Ihr Problem liegt nicht im „Hinterher“, sondern im Augenblick Ihrer Zusage. Lernen Sie, nur Hilfe anzubieten, die Sie **gerne** leisten, dann werden Sie nie wieder „Opfer“ sein. Wenn Sie hingegen vorschnell etwas zusagen und sich im Moment Ihres Angebotes **nicht** überlegen, wann Sie diese Hilfeleistung zeitlich gut unterbringen können, dann und **nur dann** kann es sein, daß Sie es hinterher bereuen. Denn: Jede zugesagte Hilfeleistung ist immer auch ein Versprechen. Wenn Sie Ihre Angebote als solche ansehen, wird es Ihnen leichter fallen, nur noch Versprechen abzugeben, die Sie **gerne** halten werden.

43. Muß ich trotz Zeitmangels jeden Tag 30 Minuten Nachrichten sehen?

Neil Postman weist in seinem hervorragenden Buch *Wir amüsieren uns zu Tode* darauf hin, daß im Industriezeitalter Information erstmalig in der Menschheitsgeschichte zum „Produkt" wurde. Das heißt: Plötzlich war es **nicht** mehr wesentlich, ob die Information für den Empfänger einen echten Wert hatte, sondern es ging darum, Information im großen Stil zu vermarkten. Dies ging einher mit der Entstehung vieler Zeitungen, Zeitschriften, Magazine, Radio- und Fernsehsendungen.

Wenn Sie eine typische Nachrichtensendung im Fernsehen unter die Lupe nehmen, werden Sie feststellen, daß sie kaum eine Information enthält, die Ihr Leben in irgendeiner Weise **bereichert**. Postman nennt ein Beispiel: Angenommen, Sie hören in den Nachrichten, daß eine Lagerhalle in Chicago abgebrannt ist, welchen Nachrichtenwert hat diese Botschaft für **Sie**? Antwort: **keine**! Die Information wäre für Sie nur dann von Bedeutung, wenn es Ihre eigene Lagerhalle wäre, in diesem Falle würde Sie die Nachricht sowieso erreichen. Das heißt: Die meisten „Nachrichten" sind keine. Hinzu kommt, daß sich schlechte Nachrichten gut verkaufen. Die Nachrichtensendungen sind angefüllt mit negativer Information (Unfälle, Kidnapping, Kampfhandlungen, Hungersnöte, Wetterkatastrophen, Flüchtlingsschicksale usw.). Solche Schilderungen **müssen** Ihre Stimmung zwangsläufig beeinflussen. Wenn Sie sich also nach einem (harten) Arbeitstag eine halbe Stunde dieser geballten Ladung von negativer Information aussetzen, dürfen Sie sich nicht wundern, wenn Sie den Rest des Abends wenig Lebensfreude erleben können.

Mein Rat: Eine Nachrichtenübersicht pro Woche reicht vollkommen, um informiert zu bleiben. In den zusammengezogenen Wochenmeldungen bleiben mehr der tatsächlich wichtigen Nachrichten übrig. Wenn Ihnen die Sendezeit dieses Wochenrückblicks nicht paßt, benützen Sie Ihr Videogerät. Auf diese Weise sparen Sie an sechs Tagen in der Woche die abendlichen 30 Minuten Nachrichtenzeit. Das sind 156 Stunden im Jahr oder (auf 8-Stunden-Arbeitstage umgerechnet) 19,5 Tage, an denen Sie sich jetzt Besseres vornehmen können. Insbesondere durch den zweiten Vorteil: Sie vermeiden es, sich gefühlsmäßig „runterziehen" zu lassen. So haben Sie eine weit bessere Chance auf einen **angenehmen** Abend.

44. Worauf soll man hören: auf die innere Stimme oder den Verstand?

Sie können sich folgendes Bild vorstellen: In Ihrem Inneren wohnen zwei „Personen". Ihre innere Stimme entspricht Ihrem ureigensten Wesen, Ihr Verstand verkörpert eher gelernte Werte und Beurteilungskriterien. Wenn die beiden Stimmen im Einklang sind, haben Sie kein Problem. Gibt es aber einen Konflikt, dann müssen Sie entscheiden: Wollen Sie in den Augen irgendwelcher Verstandesmenschen „gut dastehen", dann kann die Verstandesstimme die „klügere" sein. Wollen Sie hingegen Ihr inneres Wesen leben bzw. zum Ausdruck bringen, dann hören Sie im Zweifelsfall immer auf die innere Stimme.

Achtung: Die innere Stimme spricht prinzipiell **leiser**, deshalb hören viele Menschen sie nicht (so gut).

45. Ich bin über 55 und arbeitslos. Habe ich noch eine Chance? (Die Personalchefs scheinen nur noch junge Leute einzustellen!)

Bitte lesen Sie erst „Arbeitslosigkeit“ (S. 26).

Zusätzlich zu dem dort Gesagten möchte ich Ihnen folgende Gedanken anbieten:

Erstens: In manchen Ländern (z.B. Amerika) ist man dazu übergegangen, pensionierte Leute als (Teilzeit-)Berater in die Firmen zurückzuholen. Die Firmenchefs haben begriffen, wie wertvoll die Erfahrung dieser Menschen ist.

Zweitens: Wenn Sie mit dem Personalchef sprechen, betonen Sie, daß Menschen Ihres Alters nicht wegen Schwangerschaft ausfallen oder zu Hause bleiben müssen, weil ein kleines Kind krank ist. Menschen Ihres Alters sind bereit und fähig, sich ganz auf den Beruf zu stürzen. Das heißt: Gerade ältere Mitarbeiter**innen** können einer Firma das bieten, was ein jüngerer männlicher Mitarbeiter „mitbringt“, nämlich die volle Konzentration auf diesen Job. Wenn Sie diese Argumente durch Fragen einleiten, werden Sie Ihren Gesprächspartner (z.B. den Personalchef) sehr nachdenklich machen. Sie könnten ihn möglicherweise fragen: „Worin sehen Sie den Vorteil junger Arbeitskräfte?“ Er wird vermutlich sagen: „Junge Männer werden nicht schwanger und haben nicht die Probleme junger Menschen, die gerade eine Familie gründen.“ Genau diesen Vorteil können Sie der Firma auch bieten, gepaart mit Ihren Lebens- und Berufserfahrungen.

46. Karriere-Fragen

Der Begriff „Karriere“ (berufliche Laufbahn) leitet sich von (lateinisch) „carrus“ (Wagen, Karre) her. Er impliziert a priori eine Bewegung nach vorne. Die Frage ist nur, in welcher Richtung Sie die „carriera“ (ital.: Fahrstraße) Ihres Berufslebens befahren. Exakter: Kennen Sie diese Richtung bzw. das Ziel, das Sie auf dieser Straße erreichen wollen?

Haben Sie dieses Ziel **bewußt** ausgewählt, oder hat „das Schicksal“ Ihre Richtung bestimmt?

Wer diese Fragen beantworten kann, gehört zu den 20 Prozent derer, die genau wissen, wohin sie wollen! Und wer die Antwort zur ersten Frage bereits exakt formuliert in der Schublade liegen hat, der gehört zur **Elite**.

Nur drei Prozent aller Menchen haben ihre Ziele klar und präzise schriftlich fixiert. Dies aber ist die Grundlage für eine der wichtigsten Entscheidungen Ihres Lebens (die Sie alle drei Jahre neu prüfen sollten): „Welche Karriere will ich warum machen, und wo liegen meine Schwerpunkte?“

Will ich vorwiegend materielle Güter, Status, Macht, oder ist eine Aufgabe, in der ich „aufgehen“ kann, der Weg zu meinem Ziel? In diesem Fall müssen alle Karrierefragen ganz anders beantwortet werden. Karriere wird jetzt zum Nebeneffekt; sie ist der „Anhänger“ an unser Fahrzeug, während sie für den typischen Karrieristen das Vehikel selbst darstellt. Ersterer sucht konkrete Ziele erfolgreich zu erreichen, für den Karriere-Typ ist die Karriere das Ziel.

Merke: Sie müssen sich klar entscheiden, dann werden Sie **Ihren Weg** – den für Sie besten Weg – mit Sicherheit bis an ihr gewähltes Ziel machen!

47. Warum erklären manche Menschen so umständlich?

Wir neigen dazu anzunehmen, daß dieser Mensch uns für dumm hält. Das bedeutet: Wir fühlen uns in unserem Selbstwertgefühl angegriffen. Tatsache ist aber, daß dieser Mensch meistens so übervorsichtig ist, damit er nichts vergißt und nichts ausläßt. Es kann Ausdruck seiner Unsicherheit sein oder auf seine Bemühung, alles richtig machen zu wollen, verweisen. Vielleicht hat er in der Vergangenheit des öfteren die Erfahrung gemacht, daß er mit ein paar hingeworfenen Satzbrocken aufgelaufen ist und die Leute nicht genau wußten, was er meinte, und hat sich deshalb angewöhnt, besonders deutlich zu erklären. Es kann auch sein, daß dieser Mensch laufend mit Auszubildenden zu tun hat und deshalb sicherheitshalber bei Adam und Eva beginnt.

Ich schlage folgendes vor: Wenn Sie selten mit diesem Menschen zu tun haben, gehen Sie auf ihn ein, erleiden Sie das einfach, aber hören Sie auf zu glauben, er hielte Sie für dumm. Wenn Sie hingegen regelmäßig mit dieser Person zu tun haben, dann könnten Sie sagen: „Bekannt sind diese und jene Fakten, was ist das eigentlich Neue heute?“ Damit geben Sie ihm zu verstehen, daß die „Plattform“ schon klar ist, auf welcher er aufbauen kann. Das erleichtert es auch für ihn.

48. Ich habe Angst* vor Konflikten

Das Wort „Konflikt“ (vom Lateinischen abgeleitet) bedeutet einen „Zusammenstoß“ bzw. ein „Aufeinanderprallen“. Denken Sie zum Beispiel an Billardkugeln, die durch einen Stoß zusammenprallen. Bei den Billardkugeln gibt es kein Problem, weil die Kugeln das aushalten. Bei Menschen spricht man von Konfliktfähigkeit, wenn sie mit solchen Situationen gut umgehen können. Bedenken Sie folgendes: Bei einem Konflikt prallen mindestens zwei unterschiedliche Zielstellungen oder Motive aufeinander.

Es gibt sogenannte **intra**-personale Konkflikte, das heißt: Zwei Ziele innerhalb einer Person prallen aufeinander. Beispiel: Sie möchten sowohl abnehmen als auch jeden Abend Schokolade essen.

Bei einem **inter**-personalen Konflikt hingegen liegen die Zielstellungen in verschiedenen Personen. Beispiel: Die Mutter möchte, daß der Sohn den Spinat ißt, den dieser jedoch absolut furchtbar findet.

Je wichtiger den Betroffenen das Ziel ist, desto heftiger wird der Konflikt. Die Wahrscheinlichkeit wächst, daß die Betroffenen mit Kampfmanövern ihr Ziel erreichen wollen und ihre Durchsetzungsversuche dem anderen einen starken Stoß versetzen (vergleiche Billardkugeln). Wenn

* Zum Thema „Angst“ finden Sie im Anhang noch eine komplexere Antwort. Bitte lesen Sie dort weiter.

Sie diese Zusammenhänge durchschauen, dann können Sie für die tägliche Praxis folgende Hilfestellungen ableiten:

1. **Wie wichtig** ist es **Ihnen**, Ihr Ziel in diesem Konflikt unbedingt durchsetzen zu wollen? Angenommen, Ihr Ziel wäre nicht soooo wichtig und Sie könnten darauf verzichten, wäre der Konflikt beendet, bevor es zu einer Kampfhandlung kommt.

2. Versuchen Sie, mit Fragetechnik herauszufinden, **wie wichtig dem anderen** das Ziel ist. Machen Sie ihm auch klar, wie wichtig Ihnen Ihr eigenes Ziel ist, indem Sie ruhig darüber sprechen, anstatt auf persönliche Angriffe ebenfalls persönlich zu reagieren.

3. Es gibt Menschen, die Ihren Kopf **prinzipiell immer** durchsetzen wollen, dabei ist das Ziel nicht so wichtig wie der Sieg. Versuchen Sie, Konflikten mit diesen Menschen aus dem Weg zu gehen. Es geht ihnen nie um die Sache. Wenn sich Konfrontationen mit ihnen jedoch nicht vermeiden lassen, behalten Sie immer im Kopf, daß dieser Mensch seinen „Sieg“ erringen muß, um sein Selbstwertgefühlt zu erhalten bzw. aufzubessern. Das macht es Ihnen wesentlich leichter, im Zweifelsfalle nachzugeben. Darauf bezieht sich die Weisheit des Volksmundes, wenn er sagt: „Der Klügere gibt nach.“

49. Wie mache ich beim ersten Kontakt einen guten Eindruck?

Beachten Sie die Wortbildung „Kon-Takt". „Kon" leitet sich vom Lateinischen (con = mit) ab. Die Bedeutung des Wortes „Takt" kennen Sie ja. Das heißt: Bei einem ersten Gespräch sollten Sie zwei Dinge beachten.

Erstens: Versuchen Sie, auf die Gefühls- oder Ideenwelt dieser Person einzugehen. Scheint sie gehetzt (Zeitdruck), dann kommen Sie unverzüglich auf den Punkt bzw. geben sie kurze, knappe Antworten. Möchte der Mensch sich gern unterhalten (im doppelten Sinn des Wortes), dann „spielen" Sie mit.

Zweitens: Seien Sie immer „Sie selbst". Es hat keinen Zweck, bei ersten Kontakten besonders „gute" Eindrücke vermitteln zu wollen, die Ihrer eigentlichen Natur widersprechen. Früher oder später werden Sie ja doch „Sie selbst" sein, dann doch lieber früher. Entweder dieser Mensch mag Sie, **wie Sie sind**, dann war es wirklich nur der erste Kontakt von vielen. Oder dieser Mensch mag Sie nicht, dann soll er das lieber heute feststellen als morgen oder übermorgen.

50. Wie knüpfe ich einen wichtigen Kontakt – beruflich oder privat?

Sie wollen die Aufmerksamkeit einer Person erregen, haben aber Angst, daß Sie gleich vom Vorzimmerdrachen abgewürgt werden? Seien Sie kreativ! Es folgen vier erste Ideen, um Ihr Denken anzuregen.

1. Nutzen Sie die modernen Medien! Wenn der Mensch, den Sie auf sich aufmerksam machen möchten, zum Beispiel Fax oder E-Mail hat und Sie nicht: Fragen Sie im Freundeskreis, wer Ihnen weiterhelfen kann. Oder schicken Sie ein Telegramm. Schreiben Sie: „Ich habe eine Sache, die wird Sie bestimmt interessieren. Geben Sie mir sechseinhalb Minuten Ihrer wertvollen Zeit? Ich meine wirklich sechseinhalb Minuten, außer **Sie** entscheiden, daß das Gespräch länger dauern soll.“ Garantiert: Dieser Mensch wird stutzig!
2. Eine andere Möglichkeit: Schreiben Sie ihm einen Brief in einem Brief in einem Brief! Auf dem äußeren Kuvert steht seine Adresse mit dem Hinweis: „An Herrn/Frau Soundso persönlich.“ Dieser Brief läuft natürlich Gefahr, von der Sekretärin geöffnet zu werden. Aber darin steckt das zweite Kuvert. Darauf steht: „Wirklich ganz persönlich an Herrn/Frau Soundso.“ Spätestens ab diesem Zeitpunkt haben Sie Interesse erweckt. Und sollte das zweite Kuvert auch geöffnet werden, kommt das dritte zum Vorschein. Ich wette, Sie erreichen Ihren Wunschpartner.

3. Werfen Sie den Brief selbst in den Wohnungsbriefkasten. An die Stelle, an der die Briefmarke kleben müßte, machen Sie einen Kringel und schreiben: „Hier ist keine Briefmarke, weil ich den Brief persönlich bei Ihnen in den Kasten geworfen habe.“

4. „Investieren“ Sie in den Kontakt. Finden Sie heraus, wofür sich Ihr Wunschkandidat brennend interessiert. Machen Sie sich vorher darüber schlau, lesen Sie meinetwegen ein paar Bücher, laufen Sie ihm „zufällig“ über den Weg, verwickeln Sie ihn in ein Gespräch über sein Hobby – und hören Sie zu! Wer zuhört, gilt immer als intelligent. Wenn Sie jetzt durchblicken lassen, daß Ihnen an einem Termin gelegen ist, dann haben Sie eine faire Chance.

51. Kann man die Konzentration verbessern?

Ja. Kon-„zentration“ bedeutet, daß man seine Energien und Aufmerksamkeit auf einen Punkt richtet (ähnlich einer Linse, die zum Brennglas werden kann, wenn sie auf eine Stelle gerichtet wird). Die Konzentration fällt leichter, je mehr Sie die Sache interessiert. Das Interesse kann von zweierlei Art sein:

Erstens erleben Sie eine intrinsische (innenliegende) Motivation, weil eine Sache Sie sowieso interessiert.

Zweitens können Sie sich durch eine extrinsische (außenliegende) Motivation helfen. Sagen Sie sich bei Tätigkeiten, die Sie nicht gern durchführen, aber durchführen müssen: „Ich mache das jetzt so schnell und sauber wie möglich, weil ich mich dann den Dingen widmen kann, die mir mehr Spaß machen.“ Mit diesem Trick können Sie Ihre Konzentration immer dann verbessern, wenn Sie von einer Sache selber leider nicht fasziniert sind. Andernfalls haben Sie sowieso kaum Konzentrationsprobleme.

52. Manchmal denke ich im Kreis herum und finde keine Lösung. Wie durchbreche ich das?

Sie können eingefahrene Denkbahnen verlassen, indem Sie eine neue Denktechnik einsetzen wie z.B. „KaWa ©". Dabei bedeutet die Buchstabenfolge von „KaWa©" folgendes: „K" = „Kreative", „a" = „Analgografie" (vergleichendes Denken mit einem Stift in der Hand), „W" = „Wort", „a" = „Assoziationen". Diese Technik habe ich speziell für kreatives Herausbrechen aus Denkrillen entwickelt. Es ist ganz leicht: Schreiben Sie in die Mitte eines großen Blattes ein Schlüsselwort der Problemstellung. Nehmen wir als Beispiel das Wort „Lösung". Jetzt finden wir zu jedem Buchstaben des Wortes Assoziationen, die mit diesem Buchstaben anfangen. Das heißt: Wir suchen Wörter, die mit **L-Ö-S-U-N-G** beginnen.

Bei **„L"** fällt mir z.B. „Loslassen" ein. Was können wir bei dem Problem zur Zeit **nicht** loslassen (was hemmt uns)? Bei **„O"** könnte uns „Offenheit" einfallen (wofür sollten wir vielleicht offener sein?)...

Sie brauchen sich übrigens nicht an die Reihenfolge der Buchstaben zu halten. Wenn Ihr Auge über das Wort streift, könnte es sein, daß Ihnen zu **„G"** spontan „Geburt" einfällt, und Sie sich fragen, welche neue Entwicklung sich aus Ihrem Problem ergeben könnte. Oder es fällt Ihnen „gemeinsam" ein, und Sie fragen sich, ob es jemanden gibt, der gemeinsam mit Ihnen an dieser Sache arbeiten könnte. Bei **„U“** denken Sie möglicherweise an „Unklarheit“. (Welcher Aspekt des Problems ist Ihnen noch nicht ganz klar? Was müßten Sie klären?) Bei **„S“** könnte Ihnen „Sinn“ einfallen: Hat das Problem einen besonderen Sinn für Ihr Leben? Könnte es sein, daß diese Art von Problemen in Ihrem Leben regelmäßig auftaucht?

Wenn Sie diese „KaWa©“-Technik einmal mit fünf oder sechs Leuten durchspielen, um ein Gefühl dafür zu bekommen, ehe Sie sie auf Schlüsselwörter Ihrer wirklichen Probleme anwenden, werden Sie regelmäßig überrascht sein, was für **neuartige** und **andersartige** Gedankenverbindungen sich spielerisch ergeben.

53. Tja – die Krise!

Alle reden von der Krise. Am lautesten weinen diejenigen, die immer nur kurzfristig gedacht haben. Man gleicht einem Kapitän, der das Schiff immer nur von einem Wellenberg zum nächsten steuert. Aber wenn wir den Blick wieder auf den fernen (Zeit-)Horizont lenken, dann stellen wir fest: Zu jeder Zeit gibt es „die Krise“:

Erstens für bestimmte Branchen (früher Textil und Setzereien, derzeit Stahl);

zweitens für bestimmte Firmen, während andere in derselben „Krise“ hervorragende Geschäfte machen! Dasselbe gilt

drittens innerhalb einer Firma, denn in jeder größeren Verkaufsmannschaft gibt es einige wenige, die „trotz Krise“ gute Abschlüsse machen, während die vielen anderen über „die Krise“ klagen und sie zum Anlaß nehmen aufzugeben.

Wie Sie vielleicht wissen, setzt sich das chinesische Wort für „Krise“ aus „Gefahr“ und „gute Gelegenheit“ – sprich Chance – zusammen! Wenn Sie also das nächste Mal glauben, in einer „Krise“ zu stecken, dann birgt diese Situation gleichzeitig ungeahnte Chancen.

Setzen Sie sich mit Papier und Stift oder Ihrem Notebook hin, und trennen Sie die beiden Elemente! Fragen Sie sich:

1. Wo liegen die Gefahren (konkrete Formulierungen!
2. Welche alten Strukturen werden durch die „Krise“ eigentlich gefährdet?
3. Überlegen Sie sich, was passieren würde, wenn diese Strukturen nicht mehr da wären, ehe Sie fragen:
4. Wie könnten wir aus ebendiesen Elementen neue Chancen entwickeln?

Sie werden sich wundern, was Ihnen alles einfällt, wenn Sie von der Annahme ausgehen, daß jede Krise Chancen birgt. Es gilt nur, sie zu erkennen. Und genau das unterscheidet kreative Unternehmer von jammernden Unterlassern!

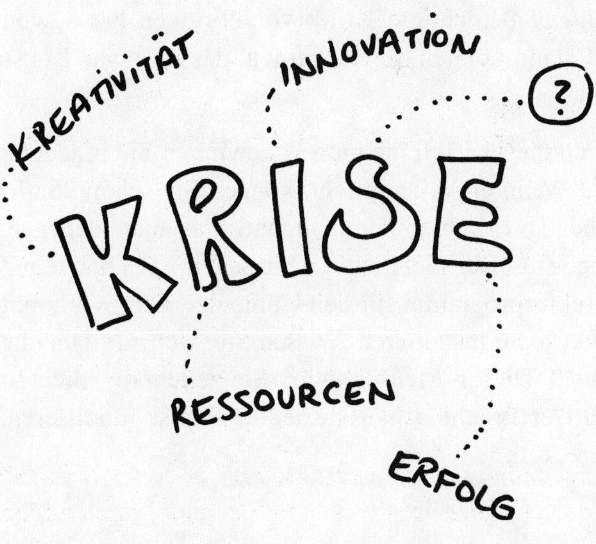

54. Wie werde ich mit Kritik fertig?

Es gibt eine phänomenale Strategie. Schauen Sie dem Kritiker fest in die Augen, und bitten Sie gemäß dem Motto „Tell me more!" (Erzähl mir mehr!) um mehr Information!

Angenommen, es wirft Ihnen jemand vor, Sie würden zu viele Tippfehler machen. Schauen Sie ihn an und sagen Sie: „Das ist interessant. Können Sie mir sagen, welcher Art meine Tippfehler sind?"

Wenn er nichts Konkretes vorzubringen hat, wird er von den Socken sein, denn er hat ja fest damit gerechnet, daß Sie abwiegeln, sich verteidigen und rechtfertigen werden.

Wenn er berechtigte Kritik vorzubringen hat – wunderbar! Dann können Sie nur lernen, das ist etwas Konstruktives.

Durch dieses „Tell me more!" gewinnen Sie in jedem Fall Zeit. Wenn er weiterspricht, können Sie schon überlegen, woher Ihre Fehler kommen und was man dagegen tun kann. Zum Beispiel könnten Sie sagen: „Ich hab' ein Textkorrekturprogramm für den Computer, aber ich konnte es bisher nicht installieren. Wissen Sie, wer mir dabei helfen kann?" Dieser Mensch wird Sie jedenfalls nicht mehr **leichtfertig** anmachen beziehungsweise undifferenziert anmeckern.

Sie werden merken, daß Sie mit dieser Strategie hervorragend fahren. Jeder Mensch fühlt sich gebauchpinselt, wenn Sie wirklich mehr über seine ernsthafte Kritik wissen wollen. Aber auch mit notorischen Nörglern werden Sie so am besten fertig.

55. Trauen Sie Ihren Kunden!

Der britische Spezialist für Qualitätsverbesserung im Servicebereich, John Seddon, rät seinen Klienten: Bieten Sie im Dienstleistungsbereich Ihren Kunden an, bei Nichtgefallen nichts zu bezahlen.

So informiert z.B. ein Restaurantbesitzer seine Gäste mit einem Risenschild an der Wand: *Wenn es Ihnen nicht schmeckt, zahlen Sie nichts!* Was glauben Sie? Werden viele Gäste dies ausnutzen? Beim Studium des Kundenverhaltens ergaben sich drei Gründe, warum Kunden/Gäste weit ehrlicher sind, als viele meiner Seminarteilnehmer im ersten Ansatz annehmen würden:

1. Unehrliche Gäste (die regelmäßig kostenlos zum Essen kommen) wären dem Personal bald bekannt, so daß man sie ausklammern könnte.

2. Ein psychologischer Mechanismus heißt Projektion. Der Volksmund nennt das „von sich auf andere schließen". In anderen Worten: Wenn ein Geschäftsmann so ein Angebot nur macht, weil er die Erfolge des Restaurantbesitzers einfach kopieren möchte, dann wird er tatsächlich mit einigen „unehrlichen Gästen" konfrontiert! Macht man so ein Angebot jedoch aus einer positiven inneren Haltung heraus, weil man sich schämen würde, von einem Gast, dem es nicht geschmeckt hat, Geld zu nehmen, dann sind die Erfahrungswerte mit dieser Strategie ausnahmslos positiv.

3. Die Strategie *Bei Mißfallen zahlen Sie nichts!* darf auf keinen Fall verwechselt werden mit der Strategie *Bei Nichtgefallen Geld zurück!*, weil letztere eine vollkommen andere psychologische Basis hat. Hier muß der Kunde sein Nichtgefallen begründen. Oft bekommt er es jetzt mit „Fachleuten für Reklamationen" zu tun (also nicht mehr mit den Mitarbeitern, die ihn bis jetzt betreut/bedient haben). Außerdem lenkt diese Strategie die Aufmerksamkeit der Mitarbeiter zu häufig auf Aspekte, die **nicht** funktionieren. Eine britische Firma schickte ihren Kunden mit der Ware ein „Service-Blatt": *Gewinnen Sie zehn Pfund, wenn Sie uns bei einem Fehler erwischen!*

Stellen Sie sich vor, eine Fluglinie hat zu viele Buchungen angenommen. Sie stehen mit Lebenspartner und Kind völlig erschöpft am Tresen und erfahren, daß Ihr Weiterflug erst in vier Stunden möglich ist. Dafür dürfen Sie ein Formular ausfüllen und Ihre zehn Pfund einfordern…

Wie würden Sie dieselbe Situation erleben, wenn der verspätete Flug zu Lasten der Flugfirma ginge – und man Sie in der Wartezeit hervorragend betreuen würde? In welchem Fall wird das Personal mehr bemüht sein, solche Pannen gar nicht erst eintreten zu lassen? Und: In welchem Fall steigt die Wahrscheinlichkeit, daß Sie diese Fluglinie wieder wählen? Na eben!

56. Was bedeutet es, wenn jemand aufgesetzt lacht?

Die Qualität des Lachens kann sehr unterschiedlich sein. Man kann lachen, weil man etwas lustig oder komisch findet, es gibt aber auch ein höhnisches, boshaftes, spöttisches oder gehässiges Lachen. Der Vokalwert der Lacher verrät es: Es gibt Fachleute, die dem Vokalwert des Lachens folgende Bedeutungen zumessen:

Das Lachen auf a: Haha

Es läßt auf Lebenskraft schließen, auf Energie, auf Spannungen, die sich lösen. Aus dem Lachen auf a spricht Freude, also Eustreß!

Das Lachen auf e: Hehe

Es löst im Zuhörer ganz andere Gefühle aus. Hier lacht man **über** jemanden, hier lacht die Schadenfreude. Hehe hört man auch, wenn Leute über etwas lachen, das sie nicht verstehen. Auch ein verklemmtes Lachen klingt so.

Das Lachen auf i: Hihi

Es deutet auf ein Kichern, auf unterdrückte Schadenfreude hin. Oft verschluckt man das i auch ganz, es bleibt ein Chchch, insbesondere wenn man seine Gefühle unterdrücken will und es nicht ganz gelingt.

Das Lachen auf o: Hoho

Kann ausbrechen, wenn der Lachende von etwas Witzigem überrascht wird. Oder wenn eine Person einer anderen nicht glaubt, was diese behauptet, durchführen zu wollen. („Ab morgen lerne ich Chinesisch.“)

Das Lachen auf u: Huhu

Klingt wie Huuuh!, so kann man jemanden erschrecken. Oder das Hu!, das einem bei Schreck entfährt. Mit echtem Lachen hat dieser Laut wenig zu tun.*

* *Signale des Körpers,* Vera F. Birkenbihl, 12. Auflage, mvg-Verlag, Landsberg 1997

57. Mein Mann und mein Sohn sind Legastheniker. Kann man da wirklich nichts machen? (Die sogenannte Therapie scheint kaum zu fruchten.)

Neulich bekam ich den extrem wertvollen Tip einer Kundin, deren Sohn Legastheniker ist. Sie hatte mein Buch *Stichwort Schule: Trotz Schule lernen!* gelesen und mit den dort angeführten Tips schon erste Besserung erreichen können, war aber dann auf das **bahnbrechende Buch eines amerikanischen Betroffenen** gestoßen, das **dieses Problem in brillanter Weise darstellt und löst!** Inzwischen habe ich dieses Buch ebenfalls gelesen und bin genauso begeistert! Also hier ist die gute Nachricht:

Legastheniker haben als Kleinkinder eine Technik erlernt, die es ihnen ermöglicht, wesentlich kreativer und ganzheitlicher zu denken als „normale" Leute. Diese genialen Fähigkeiten „bezahlen" sie jedoch mit „Problemen" beim Lesen und Schreiben, solange der Unterricht im herkömmlichen Stil abgehalten wird. Wenn man hingegen einige einfache Übungen durchläuft, ist das Problem lösbar. Gleichzeitig können die Betroffenen **ihre genialen Fähigkeiten** begreifen und als Stärke „ausbauen", statt das Gefühl zu haben, sie seien „Sonderschul-Material" – eine Einstellung, die das normale Schulsystem leider oft vermittelt. Viele Legastheniker „landen" sogar in der Sonderschule, wo sie dann gar keine Chance mehr haben zu begreifen, daß sie in vielem wesentlich begabter sind als normale Menschen!

Der Autor war extrem betroffen: Teilweise autistisch **und** Legastheniker hat er schließlich seine eigene Situation analysiert und die Ursache herausgefunden sowie eine Technik entwickelt, die leicht nachvollziehbar ist. Wenn man erfährt, welche Freude es für ihn war, sein **erstes** Buch (von inzwischen vielen!) von vorne bis hinten zu lesen, und daß Lesen ihm danach nur noch Spaß gemacht hat, und wenn man bedenkt, wie Millionen von Legasthenikern sich tagtäglich weiter quälen müssen, weil sie (und ihre Eltern) noch nicht wissen, daß **diese genial Begabten** im normalen Schulsystem aufgrund ihrer Begabung „versagen" müssen, dann muß man handeln! Das Buch heißt *Legasthenie als Talentsignal – Lernchance durch kreatives Lesen* von Ron D. Davis.

PS: Falls Sie nicht betroffen sind, aber jemanden kennen, der/die betroffen ist (viele Erwachsene sind Fast-Analphabeten!) oder wenn Sie Eltern solcher Schulkinder und Studenten kennen – dann empfehlen Sie dieses Buch bitte unbedingt weiter!

58. Wie lerne ich, Wut und Enttäuschung zu verbergen?

Verbergen sollen Sie gar nichts. Fragen Sie sich jedesmal: „Wie sehr leide ich darunter?“ Machen Sie eine innere Skala von 0 bis 100. Wenn Ihr Leidensdruck unter 30 Prozent bleibt, kommen Sie mit der „Als-ob-Taktik“ am weitesten: Sie tun so, als ob alles okay sei.

Liegt Ihr Leidensdruck über 30 Prozent, dann sollten Sie Ihren Unmut äußern, und zwar möglichst gelassen, ohne beleidigten Unterton. Sagen Sie dem anderen, der Sie verärgert oder getroffen hat: „Ich weiß nicht, ob es Ihnen klar ist, aber was Sie gerade gesagt haben, hat mich furchtbar verletzt.“ Meist fällt der Gesprächspartner aus allen Wolken, weil er das ja gar nicht wollte. Wenn er es **doch** wollte, sagen Sie zum Beispiel: „Okay, wenn das Ihre Strategie war, haben Sie gewonnen. Was machen wir jetzt?“ Wenn Sie offen darüber reden, wird der Gegenstand des Ärgers in der Regel absurd.

Das gilt auch für die beliebte Unart, andere in Gesprächen oder Konferenzen zu unterbrechen. Machen Sie eine Strichliste, sagen Sie dann zum Beispiel: „Meine Damen und Herren, es wird Sie vielleicht interessieren: Ich bin heute 17mal unterbrochen worden. 12mal waren Sie es, Herr Müller, der Rest verteilt sich relativ demokratisch auf die anderen.“

Es ist ja nicht so, daß sich die Leute vor der Konferenz zusammensetzen und sagen: Heute unterbrechen wir den

Kollegen, so oft es geht. Diese Prozesse gehorchen einer unbewußten Strategie. Wer andere nicht ausreden läßt, signalisiert damit: „Ich will mich durchsetzen, ich bin wichtiger als andere. Wer schwächer ist als ich, den unterbreche ich. Wer stärker ist, den lasse ich ausreden, weil ich mich nicht traue."

Mit der Strategie des Offen-darüber-Redens zwingen Sie jedoch das unbewußte Denkschema ins Bewußtsein Ihrer Mitmenschen. Das erst macht eine bewußte Veränderung möglich.

59. Ich möchte mich gern mit einer neuen Sache befassen, kenne aber niemenden, und allein traue ich mich nicht

Was Sie brauchen, sind Gleichgesinnte. Es gibt eine Organisation, die in den letzten Jahren enorm gewachsen ist und zu sehr vielen Themenbereichen Kurse anbietet: die Volkshochschule (VHS). Wenn Sie sich das Verzeichnis der VHS in Ihrer Nähe besorgen (denken Sie bitte auch an die VHS im weiteren Umkreis), dann finden Sie höchstwahrscheinlich einen Kurs, der mit dem Thema zu tun hat. Ein Kurs bietet Ihnen zwei wichtige Vorteile. **Erstens:** Möglicherweise hat der Referent oder die Referentin Interessantes zu sagen, dann haben Sie doppelt gewonnen. Fast noch wichtiger ist der **zweite Grund**: In diesen Kursen werden Sie Menschen kennenlernen, die in Ihrer Gegend wohnen und sich mit diesem Themengebiet befassen wollen. Das heißt: Der minimale Nutzen ist, daß der Kurs Sie inhaltlich brillant informiert, der maximale Nutzen wäre, daß Sie dort Gleichgesinnte kennenlernen, mit denen Sie sich auch außerhalb des Kurses treffen können. Was wollen Sie mehr?

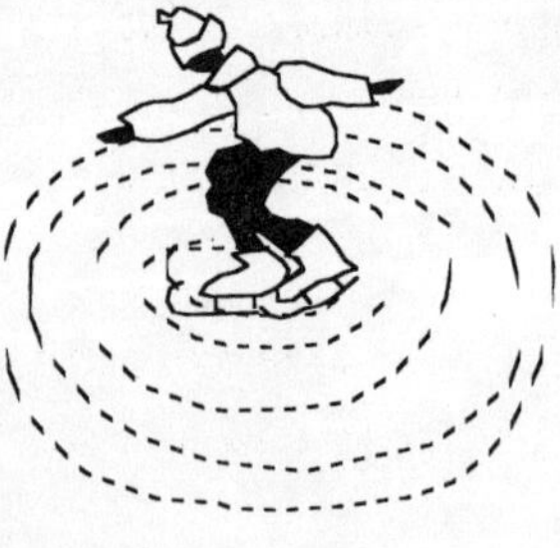

60. Was muß ich tun, damit mir mein Chef mehr Geld gibt?

Am besten beginnen Sie damit, daß Sie sich in die Rolle Ihres Chefs versetzen und (schriftlich) festhalten, warum Sie **erstens** das Geld, das Sie derzeit verdienen, „wert" sind, und **zweitens**, womit Sie glauben, die Erhöhung „wert" zu sein.

Sie wissen, wir befinden uns im postindustriellen Zeitalter, einer Ära, die vom Service geprägt ist: nach außen zum Kunden genau wie firmenintern. Wer seiner Firma (Abteilung) keine ausgezeichneten Dienstleistungen bietet, wird in Zukunft weniger verdienen.

Wenn Sie bei dieser Auflistung möglicherweise feststellen, daß Ihre Argumente für eine Gehaltsaufbesserung lediglich darauf hinweisen, daß **Sie** Geld benötigen oder daß Sie mindestens das haben wollen, was Ihre Kolleginnen und Kollegen auch erhalten, dann haben Sie schlechte Karten für dieses Gespräch.

Können Sie hingegen auf Zusatzausbildungen beziehungsweise intensive Lernprozesse am Arbeitsplatz hinweisen oder Ihrem Chef aufzeigen, was Sie der Firma bieten, dann stehen Ihre Chancen auch in „kritischen" Zeiten gut.

In Amerika sagt man: „Go the extra mile" – geh eine Meile weiter (als die anderen). Es lohnt sich!

61. Wie gewöhne ich mir Marotten ab? (Zum Beispiel: Nägelkauen, Bartzwirbeln)

Fatal an Marotten ist, daß alle Gewohnheiten irgendwann in der Vergangenheit ins Unterbewußte abgerutscht sind. Das heißt: Wir merken nicht mehr, wenn wir Fingernägel kauen, eine Haarsträhne um den Finger wickeln, den Bart streichen oder an der Krawatte zupfen – bis jemand sagt: „Hör auf!“ Um den unbewußten Mechanismus zu zerstören, schlage ich Ihnen zwei Möglichkeiten vor:

Erstens: Bitten Sie Leute in Ihrer Umgebung, Sie aufmerksam zu machen, wenn es wieder passiert. Damit unterbrechen Sie den unbewußten Mechanismus. Jetzt machen Sie das, was Sie normalerweise aus Gewohnheit unbewußt tun, einmal ganz bewußt eine Minute lang. Konzentrieren Sie sich hundertprozentig auf das Fingernägelkauen, die Haarsträhne oder die Krawatte. Wenn Ihr Problem das Naschen ist: Drehen Sie den Fernseher leise, und essen Sie ganz konzentriert zehn Kartoffelchips hintereinander. Beginnen Sie, die Situationen zu identifizieren, in denen Sie besonders dazu neigen.

Zweitens: Wenn man eine Gewohnheit loswerden will, ist der einfachste Weg, sie durch eine andere zu ersetzen. Anstatt an den Nägeln zu kauen, könnten Sie zum Beispiel sanft die Fingerkuppen des Fingers, an dem Sie jetzt gekaut hätten, massieren. Das fällt niemandem auf, und die Fingerkuppe bekommt den Druck, den sie gewohnt ist.

Genauso ist es beim Naschen: Stellen Sie eine harmlose Alternative statt der Chips hin (z.B. Selleriestangen).

Zusatztip für Gewohnheitsraucher, die das Rauchen (zumindest) zeitweise lassen, beziehungsweise einschränken wollen: Machen Sie ein Atemtraining. Denken Sie über den guten Sauerstoff nach, den Sie jetzt in Ihre Lunge saugen wollen. Machen Sie 15 bewußte Atemzüge. Es ist unmöglich, an lebensspendenden Sauerstoff zu denken und gleichzeitig bewußt die vielen Giftstoffe einer Zigarette einzuatmen. Diese Übung ist auch eine hervorragende Vorbereitung für den Zeitpunkt, an dem Sie vielleicht eines Tages endgültig mit dem Rauchen aufhören wollen.

62. Ich bin häufig mißmutig – kann man dagegen etwas tun?

Neulich hörte ich zufällig, wie jemand sich über einen Freund aufregte. Weil der anders denkt und handelt als unser Gesprächspartner! Frechheit! Wie kann er es wagen, einen anderen Maßstab anzulegen als ich? Hier sitze ich im Mittelpunkt **meines** eigenen Universums, und dieser Mensch wagt es, aus dem Mittelpunkt **seines** Universums heraus zu denken und zu handeln!

Solange wir uns als **Mittelpunkt unseres Universums** fühlen, werden wir andere nie begreifen können – weder intellektuell noch emotional. Wenn wir uns hingegen als Reisender in fernen Universen sähen, als **Gast** in diesen Räumen, deren Gastgeber wir verstehen möchten, dann wird es uns viel leichter fallen. Mir jedenfalls hilft dieser Gedanke, wie auch der Rat einer alten Freundin unserer Familie, den ich als Kind oft hörte. Wenn jemand auf einen Mitmenschen so richtig sauer war, dann sagte sie immer: Nicht ärgern, nur wundern … Sie werden lachen, es hilft wirklich! Wir können nämlich als Gehirn-Benutzer entscheiden, ob wir uns ärgern oder wundern wollen, während die armen Gehirn-Besitzer meinen, sie wären dem Ärger hilflos ausgeliefert …

Im übrigen entsteht Ärger ja fast immer durch die **Diskrepanz zwischen unserer Erwartung und der Realität**. Nur wenn ich annehme, mein Gast wird ganz pünktlich hier eintreffen, kann ich verärgert reagieren, wenn er sich verspätet. Solange ich annehme, andere werden sich gemäß den **Maßstäben in meinem Universum** verhalten, so lange kann jede Abweichung von meiner Erwartungshaltung mich verunsichern. Unsicherheit ist die Wurzel fast aller Ärgersituationen. Wenn ich hingegen lerne, diese Mitmenschen nach ihren eigenen Maßstäbe zu beurteilen, und wenn ich lerne, mich zu wundern, statt gleich sauer zu werden (und meinen Mißmut laut oder leise zum Ausdruck zu bringen), dann ist die Welt um einiges heller und freundlicher geworden. Grundlage ist die Art, wie wir andere sehen und beurteilen (statt sie vorschnell zu verurteilen und enttäuscht und sauer zu reagieren). Lassen Sie mich Ihnen von zwei Gesprächen berichten. Beide Male wurde jemand gebeten, ein Urteil über einen General abzugeben. Und beide Male war die Reaktion so bewundernswert, daß sie uns als gutes **Vorbild** dienen kann!

1. **Abraham Lincoln**: Dieser amerikanische Präsident, den viele Zeitgenossen als großen Meister im Umgang mit Menschen beschrieben, wurde um seine Meinung über einen General gebeten. Er äußerte sich sehr positiv über diesen Mann. Darauf fragte ihn sein Gesprächspartner: „Herr Präsident, wissen Sie eigentlich, daß dieser General jede Gelegenheit ergreift, um über Sie herzuziehen? Und Sie beurteilen ihn so positiv?“ Darauf antwortete der Präsident: „Lieber Freund, natürlich weiß ich das. Aber Sie haben mich um mein Urteil über ihn gebeten, nicht um die Meinung, die er von mir hat!“ Das hat mir unheimlich imponiert. Neigen wir

nicht normalerweise dazu, andere ähnlich zu sehen, wie sie uns beurteilen? Niegen wir nicht dazu, diejenigen für intelligent zu halten, die uns als gescheit einstufen, bzw. diejenigen abzulehnen, die uns nicht (voll) zu akzeptieren scheinen?

Also – wenn Sie das nächste Mal im Begriff sind, jemanden abzulehnen (oder gar schlecht über ihn/sie zu denken oder zu sprechen) – halten Sie inne! Könnte es sein, daß Sie sich von dieser Person abgelehnt fühlen? Hat er/sie Ihnen nicht genügend Achtung gezollt? Hat er/sie Ihnen widersprochen?

2. **Martin Luther King**: Auch dieser große Mann wurde um die Beurteilung eines Generals gebeten. Nun erwartete der Fragesteller, der wußte, daß Martin Luther King ein eingefleischter Pazifist war, ein negatives Urteil. Aber das Gegenteil war der Fall. Mr. King lobte diesen General in den höchsten Tönen. Dies verwunderte den anderen zutiefst. Da lächelte Mr. King: „Ich verstehe Ihre Verwunderung. Aber ich kann diesen Mann doch nicht mit meinem Maßstab messen! Und gemessen an dem, was er für gut und richtig hält, ist er fürwahr ein formidabler Mensch!“

Auch diese Antwort hat mich enorm beeindruckt! Welche Größe steckt dahinter, einen anderen nach seinen Wertmaßstäben zu messen, statt unsere (vielleicht sogar ziemlich kleinkarierte) Elle anzulegen. Als ob sich alle nach unseren Programmen, Erfahrungen und Erwartungen richten müßten!

Fazit: Je häufiger wir dazu neigen, andere abzulehnen oder zur verurteilen, desto wichtiger können diese Gedanken für uns sein. Wir schaffen nämlich die Welt, in der wir leben, in einem weit stärkeren Maß selber, als wir normalerweise annehmen. Unsere Erwartungen „machen" bestimmte Aspekte der Wirklichkeit „gut" oder „böse" (wie schon Epiktet feststellte). Zwar kann ich die Welt da draußen nicht ändern, aber indem ich meine Erwartungen überprüfe und lerne, den anderen mit seinem Maßstab zu messen, ändere ich die Art, wie die Welt auf mich wirkt. Und das ist doch das Ausschlaggebende.

63. Warum werde ich dauernd mißverstanden?

Wir können in Gesprächen nie 100 Prozent einer Botschaft senden. Der amerikanische Sprachforscher Alfred Graf Korzybski sagte einmal: „Sprache ist wie eine Landkarte." Die Landkarte bildet nie das ganze Gelände ab, nur Teile davon. Eine Autokarte zeigt hauptsächlich Autobahnen, eine Wanderkarte zeigt Wanderwege. So ist es auch mit der Sprache. Sie ist eine „Karte", die immer nur Bruchstücke dessen abbilden kann, worum es in diesem Augenblick geht. Im Extremfall kann es sein, daß wir nur zehn Prozent von dem sagen, was wir sagen wollen, und der andere versteht uns trotzdem. Denn: Je ähnlicher unsere Erfahrungen sind, desto besser können wir (Gedanken) **ergänzen**.

Beispiel: Sie sitzen zu sechst in einem Restaurant. Jeder hat à la carte bestellt. Sie unterhalten sich angeregt. Jetzt kommt der Ober und sagt zu Ihrem Sitznachbarn: „Schwein?" Der sagt: „Das bin ich." Das heißt: Er hat blitzschnell ergänzt, was der Ober **gemeint** hatte, nämlich: „Wer ist die Person, die das Schweinefleisch bestellt hat?" Und diese (ergänzte) Frage hat er folgerichtig mit „Das bin ich" beantwortet.

Wir erwarten **immer** (unbewußt!), daß andere unsere Aussage ergänzen – und das sollten wir uns vor Augen halten, wenn wir wieder einmal glauben, der andere habe nicht richtig aufgepaßt oder sei demotiviert oder desinteressiert.

64. Wie wichtig ist die Mittagspause?

Sehr wichtig: Sie wissen, daß viele Kulturen die „Siesta" pflegen. Wir brauchen von unserem biologischen Rhythmus her in der Mittagszeit eine Pause. Optimal wäre es sogar, in der Mittagszeit 20 Minuten auszuruhen oder zu schlafen. Aber nur 20 Minuten. Längere Schlafzeiten bewirken nämlich, daß der Organismus auf „Nachtschlaf" umstellt, weshalb man sich hinterher „zerschlagen" fühlt. Eine Kurzerholung (oder ein Kurzschlaf) hingegen regeneriert das System.

Wenn es Ihnen nicht möglich ist, sich mittags hinzulegen, dann machen Sie einen 10minütigen erholsamen Spaziergang (kein Joggen!). Hören Sie dabei, wenn Sie wollen, meditative Musik mit Kopfhörern, oder denken Sie angenehme Gedanken, so daß Sie Distanz zu Ihrer Arbeit finden.

Sollten Sie in einer sehr hektischen Umgebung sein, wo nicht einmal der Spaziergang möglich ist, dann rate ich Ihnen folgendes: Machen Sie regelmäßig, über den Tag verteilt, kurze Drei-Minuten-Pausen. In drei Minuten findet bereits eine erhebliche Erholung statt.

65. Ist Nachgeben ein Zeichen von Schwäche?

Bitte beachten Sie die Wortbildung: „Nach**geben**" beinhaltet den Begriff der **Gabe**. Außerdem weiß der Volksmund schon lange, daß der Klügere nach**gibt**. Geben kann ich aber nur, wenn ich im Überfluß habe, so daß letztlich Nachgeben immer ein Zeichen von **Stärke** ist. Das Nicht-Nachgeben bedeutet hingegen, daß ich meine möglicherweise kleinkarierte Meinung unbedingt gegen die Welt durchsetzen will. Wenn Sie sich an Situationen erinnern, in denen jemand nachgegeben hat, werden Sie feststellen, daß ein **bewußtes** Nachgeben immer von Charakterstärke zeugt – im Gegensatz zum „Kleinbeigeben". Letzeres **kann** als Zeichen von Schwäche gewertet werden, ersteres nicht.

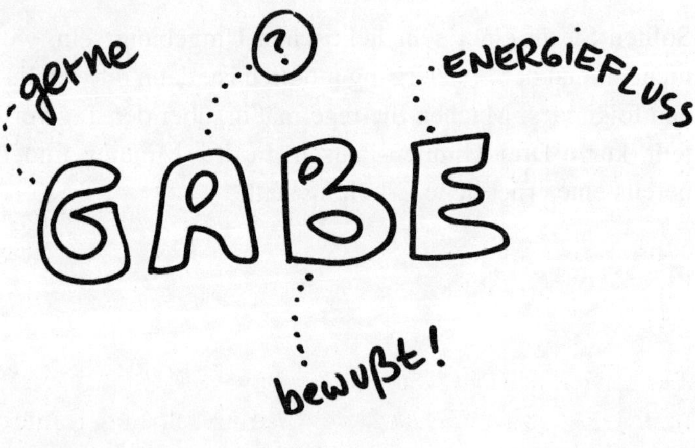

66. Wie kann ich mir Namen leichter merken?

Napoleon kannte alle Offiziere mit Namen, auch wenn er ihnen nur ein einziges Mal begegnet war. Sein Trick: Er machte sich ein Bild zu dem Namen, den er hörte. Dieses Bild „setzte" er dann (in seiner Vorstellung) auf die Schulter der Person. Angenommen, Sie lernen jemanden kennen, der Schneider heißt. Dann stellen Sie sich vor, wie sich ein tapferes Schneiderlein über sein Nähzeug beugt, und „setzen" Sie dieses Schneiderlein auf die Schulter von Herrn Schneider.

Wenn diese Person Schneyder mit „y" heißt wie der österreichische Kabarettist, dann stellen Sie neben das Schneiderlein (im Sinne eines Bilderrätsels) ein riesengroßes rotes „Y". Heißt diese Person **Prochaska**, wird die Sache spannend: Viele Fußballfreunde werden sagen: „Null Problemo, da gibt's einen Spieler der heißt so." Wenn Sie diesen Fußballer nicht kennen und den Namen auch sonst noch nie gehört haben und wenn Ihnen kein „Bild" dazu einfällt, dann bilden Sie eine **akustische** Eselsbrücke: Nehmen Sie aus dem Namen zum Beispiel das „pro", und denken Sie an „contra". Sie müssen gar nicht zum **ganzen** Namen eine Eselsbrücke bilden. Wenn Ihnen „pro" wie „contra" später einfällt, wird das „chaska" automatisch folgen.

Sie können diese Technik sehr gut mit Freunden trainieren: Picken Sie sich aus dem Telefonbuch fünf Namen heraus, jeder überlegt sich zehn Minuten lang geeignete Eselsbrücken, danach vergleichen Sie. Die ersten 30 Eselsbrücken fallen meist noch schwer, aber Sie werden sehen: Durch die Teamarbeit überzeugen Sie sich selbst davon, weil garantiert ein oder zwei Gruppenmitglieder Eselsbrücken zu Namen gefunden haben, zu denen anderen Gruppenmitgliedern nichts eingefallen ist. Das macht allen Mitspielern Mut. Außerdem gilt: Es gibt immer mindestens eine Eselsbrücke. Denken Sie noch einmal an den Fußballer-Namen **Prochaska**. Die Fußballfreunde haben es ja leichter, nicht wahr? Das heißt: Je mehr Namen Sie gelernt haben, desto leichter können Sie weitere Namen einspeichern, weil die neuen Namen so oder so ähnlich sein werden wie die Namen, die Sie dann bereits in Ihrem Wissensnetz haben.

67. Ich bin neidisch. Wie stelle ich das ab?

Neid ist eins der ungünstigsten Gefühle, weil wir uns selbst damit vergiften – körperlich wie seelisch.

- Legen Sie sich für solche Situationen folgenden Satz zurecht: „Ich gönne ihm (ihr) das!“ Denken Sie dies so lange, bis es stimmt. Neben dieser Sofortmaßnahme könnten Sie über das Problem auch einmal grundsätzlich nachdenken.

- Welches Recht haben wir, jemandem etwas zu verwehren, weil wir es nicht haben? Dieser Gedanke ist durch die Konsumgesellschaft geprägt worden – weil uns immer eingeredet wurde, auch von der Werbung: „Jeder kann (ja, muß geradezu!) alles haben.“

- Fragen Sie sich, ob Sie das wirklich haben (sein) wollen, worum Sie jemanden beneiden. Wenn ja, sollten Sie etwas unternehmen, um es zu bekommen. Gehen Sie zu der Person, die Sie zum Beispiel wegen eines Autos beneiden, und fragen Sie: „Wie kommt man zu so etwas? Kann ich von Ihnen etwas lernen?“

Was das Talent betrifft, um das andere **Sie** beneiden mögen: Stellen Sie sich einmal alle Talente eines Menschen wie eine Pizza vor. Der eine hat mehr Salami drauf, der andere mehr Mozzarella, der dritte Tomatenstückchen. Einen gewissen Grundteig haben wir alle. Wir müssen uns nur klarmachen, was in unserer Spezialpizza steckt. Gerade die Tatsache, daß wir unterschiedlich „angelegt“ sind, macht die Faszination im Leben aus. Und: Je klarer Sie Ihre eigenen Anlagen erkennen und entwickeln, desto weniger Anlaß zu Neidgefühlen werden Sie haben. Falls Sie aber doch ab und zu merken, daß Sie Neid erleben, dann hilft Ihnen die „Sofort-Strategie“: „Ich gönne es ihm (ihr)!“

68. Ist Lampenfieber schlimm?

Bitte unterscheiden Sie zwischen der berechtigten Panik jener, die schlecht vorbereitet sind, und dem sogenannten nervösen „Lampenfieber“. Letzteres ist ein wichtiger Prozeß, bei dem Sie Energien sammeln, ähnlich einem Flugzeug, dessen Motoren bereits laufen, während die Bremsen noch angezogen sind. Ohne diesen Energieschub, den das sogenannte Lampenfieber produziert, werden Sie Ihr Publikum nie begeistern oder mitreißen können. Alle großen Schauspieler geben regelmäßig zu, daß sie auch nach Jahren der Berufserfahrung noch Lampenfieber haben. Diese nervöse Spannung löst sich in den ersten zwei bis drei Minuten der Vorstellung (der Rede, der Diskussion) und sollte als ein **Freund** gesehen werden, der Ihnen hilft.

69. Wie gehe ich mit Niederlagen um?

Einer der berühmtesten amerikanischen Baseballspieler war ein gewisser Babe Ruth. Dieser Mann war der „Hitter", das heißt: Er traf den Ball am häufigsten. Eines Tages unterhielt sich der Verkaufstrainer und Buchautor Frank Bettger („Lebe begeistert und gewinne") mit dem Trainer von Babe Ruth und fragte: „Wie schafft es dieser Mann bloß, so erfolgreich zu sein?" Der Trainer rechnete ihm vor, daß auf jeden Treffer von Babe Ruth erheblich mehr Nichttreffer kamen. Mit anderen Worten: Je mehr ein Mensch übt, trainiert oder arbeitet, desto mehr **Fehler** wird er zwar machen, aber desto größer wird zwangsläufig auch die Anzahl seiner Siege sein. Das gilt für Fehler in typischen Trainingssituationen, in denen jeder Fehler einen weiteren Schritt auf dem Weg zur Meisterschaft darstellt.

Aber es gibt auch eine andere Art von Fehlern, wenn wir im ganz normalen Alltag etwas falsch machen. Hier gilt: Wenn man bereit ist, aus dem Fehler zu lernen, dann hat sich auch diese „Niederlage" gelohnt. Wenn man dabei einem anderen geschadet hat, sollte man sich entschuldigen und dann überlegen (vielleicht sogar gemeinsam mit dieser Person): Wie kann dieser Fehler in Zukunft vermieden werden? Wenn ein bestimmter Fehler trotzdem mehrmals passiert, helfen Ihnen folgende Fragen weiter:

1. Woran liegt es?

2. Was versuche ich zu vermeiden?

3. Wovor flüchte ich?

4. Was ist in dieser Situation anders als in anderen Situationen?

Sollten Ihnen spontan keine Antworten einfallen, warten Sie einen Moment: Ihr Unterbewußtsein wird Ihnen mit Sicherheit Antworten „senden". Dieser Prozeß (bis die Antworten „auftauchen") dauert in der Regel etwa 15 bis 20 Sekunden pro Frage.

70. Ich kann mich nicht organisieren und gehe in meinen Merkzetteln unter

Setzen Sie Prioritäten. Nehmen Sie verschiedenfarbige Merkzettel. Zum Beispiel orangefarbene für Dinge, die wirklich sehr wichtig sind. Und schreiben Sie nicht jeden Kleinkram auf. Sie dürfen pro Tag nur zwei orangefarbene Zettel benutzen! Nehmen Sie gelbe Zettel zum Beispiel für allgemein Wichtiges, blaue Zettel für private Dinge. Sie können die Farbe auch mit Ihren Prioritäten verbinden. Sie haben als oberstes Ziel vielleicht Kundenfreundlichkeit, weil zufriedene Kunden Wachstum bedeuten. Dann nehmen Sie **dafür** Hellgrün – die Farbe des Wachsens und Gedeihens.

Übrigens: Schon die Entscheidung, welche Farbe Sie wofür verwenden wollen, hilft Ihnen, Ihre Prioritäten klarer zu sehen…

71. Warum reagiert mein Mann sauer, wenn ich über Probleme reden will?

Wie John Gray in seinem äußerst lesenswerten Büchlein *Männer sind anders, Frauen auch* feststellt, ist die Art, wie Männer und Frauen Probleme lösen, sehr unterschiedlich.

Für Männer ist ein Problem etwas, das man **löst**, und zwar möglichst allein. Für Frauen stellt ein Problem die Ausgangsbasis für ein **Gespräch** dar. Männer hassen es, über Probleme zu reden, die sie noch nicht klar in Worte fassen können, während Frauen dabei keinerlei Hemmungen haben. Daraus ergibt sich: Wenn **er** ein Problem hat, neigt er dazu, sich zurückzuziehen. (John Gray: „Er geht jetzt in die Höhle.") Das verführt Frauen oft zu der falschen Schlußfolgerung, er wolle nicht mit ihnen reden oder habe kein Vertrauen zu ihnen. Umgekehrt gilt das gleiche: Wenn Frauen beginnen, über Probleme zu sprechen, die sie noch nicht klar formulieren können, neigen Männer dazu, das „Herumgelabere" unmöglich zu finden und abzublocken – was bei Frauen wiederum den Eindruck erweckt, er wolle nicht mit ihnen reden.

Aus diesen unterschiedlichen Vorgehen erwachsen unzählige unnötige Konflikte – sowohl im familiären Bereich als auch am Arbeitsplatz. Wenn wir verstehen, daß wir unterschiedliche Vorgehensweisen entwickelt haben, kann jeder mehr Verständnis für den anderen haben. Das heißt: Männer können lernen, mit Frauen über (deren) Probleme zu reden, während Frauen lernen sollten, Männer in Ruhe zu lassen, wenn diese (noch) nicht gesprächsbereit sind.

Typisches Beispiel: Er kommt von der Arbeit nach Hause. Sie merkt, daß er an einer Sache „herumknobelt“, und fragt: „Was ist los?“ Seine Antwort: „Nichts!“ An seinem Tonfall erkennt sie, daß er sie „belügt“. Früher hätte sie wahrscheinlich versucht, ihn zum Reden zu bringen, woraufhin beide sauer geworden wären. Heute kann sie ihn mit diesem Wissen vor sich hinbrüten lassen, ohne selber Schuldgefühle zu haben.

72. Gibt es die Macht der positiven Sprache?

Wir könnten uns einmal sorgfältig überlegen, wieviel Zeit wir tagtäglich mit negativen Gedanken vergeuden?! Verläuft unser Denken oft in Teufelskreisen unnötiger Sorgen oder des Zorns? Sinnieren wir oft über vergangene „Fehler“ nach? Wünschen wir uns oft, vieles möge „anders“ sein? Und was sagen wir? Meckern wir häufig über Dritte (Politiker, Mitarbeiter, Familienmitglieder)? Kritisieren wir regelmäßig? Regen wir uns oft auf? Jammern wir? Lamentieren wir? Sprechen wir oft über Dinge, die uns ärgern (mit möglichst vielen Leuten)? Usw., usf.

Wie oft verbreiten **wir** negative Gedanken? Nehmen wir an, Herr Otto Normalbürger oder Frau Ottilie Normaliter haben sich geärgert. Jetzt erzählen sie das im statistischen Durchschnitt 15 Menschen. Es erleichtert sie überhaupt nicht, denn sie regen sich jedesmal wieder von neuem auf, wenn sie die Story weitererzählen.

Wenn das Darüber-Reden erleichternde Wirkung hätte, dann hätte es ja gereicht, den Tatvorgang nur **einmal** zu schildern…

Wir können uns bewußt entscheiden, uns in ähnlichen Situationen auf die Zunge zu beißen. Ja, wir können uns sogar entscheiden, jeden Tag bewußt dreimal eine positive Botschaft an unsere Mitmenschen zu senden! Und zwar eine positive Botschaft, die unsere Geprächspartner in jenem Augenblick absolut **nicht** erwarten, denn: wenn jemand uns gerade einen Gefallen getan hat, dann erhofft er oder sie jetzt eine positive Streicheleinheit. Aber wenn ich ganz unerwartet sage: „Übrigens ist mir aufgefallen, daß Sie hervorragend zuhören können! Das ist wirklich rar!" o.ä., dann kommt diese positive Äußerung in diesem Augenblick **unerwartet**. Damit rechnet diese Person in diesem Moment nicht. Falls Sie ein Erfolgstagebuch führen, können Sie dort täglich Ihre drei positiven Botschaften eintragen, wenn es Ihnen gelungen ist, sie zu „senden".

Wenn wir Sprache dreimal am Tag ganz bewußt positiv einsetzen, dann hilft uns diese Strategie, weit bewußter zu leben. Wir merken im Laufe des Tages, wie oft unser Tonfall sich aggressiv hebt, oder wir „hören" plötzlich den lamentierenden Tonfall, mit dem wir einem Mitmenschen vielleicht gerade die Ohren volljammern.

Wenn Sie die Macht der Sprache bewußt einsetzen, werden Sie zwangsläufig ein geschärftes Bewußtsein für alle kommunikativen Prozesse entwickeln, und Sie werden automatisch weit aufmerksamer registrieren, was Sie oder andere Menschen tagtäglich (so dahin-)sagen oder schreiben...

Lebensfreude ist kein Gewinn im Lotto, Lebensfreude schaffen wir. Für unsere Umwelt, also alle, die täglich mit uns zu tun haben, und für uns selbst. Es liegt in unserer Hand oder, besser, in unseren Gedanken und Gefühlen, die wir ausdrücken. Sie entscheiden, ob Ihr Leben trist, problematisch, furchtbar oder aber faszinierend und interessant ist. Sie entscheiden. Täglich, stündlich, in jeder Minute Ihres Daseins.

73. Wie soll ich reagieren, wenn mir etwas nicht paßt?

Ihre Frage ist zu allgemein, als daß man sie umfassend beantworten könnte. Was Ihnen aber helfen kann, ist folgende Frage: „Wie wichtig ist Ihnen diese Angelegenheit?“ Stellen Sie sich eine Skala von 0 bis 100 vor. 100 bedeutet „extrem wichtig“. Wenn Sie lernen, sich diese Frage zu stellen, wenn Ihnen etwas nicht paßt, haben Sie zwei Vorteile.

Erstens: Sie widersprechen nicht vorschnell, weil sie ja vorher abchecken, welchen Stellenwert auf der Skala die Sache für Sie hat. Auch wenn Sie dann Kontra geben wollen, wirkt Ihr Einspruch „runder“ (vernünftiger), als wenn Sie vorschnell emotional widersprechen.

Zweitens: Es kann sein, daß Sie öfter feststellen werden, daß Ihnen die Sache nicht so wichtig ist. Zwar sollte man seine Meinung hin und wieder durchsetzen, aber man macht sich keine Freunde, wenn man **immer** mit dem Kopf durch die Wand will. Wer **manchmal** sagt: „Ich bin nicht unbedingt dafür, bin aber bereit mitzuziehen“, wird auch mehr Gehör finden, als wenn er sagt: „Ich bin total dagegen!“

74. Ich habe eine Frage zur Privatsphäre: Soll man seinem Chef davon erzählen, wenn man in psychotherapeutischer Behandlung ist?

Die Antwort hängt von Ihrer Situation ab. Wenn Ihr Chef sowieso weiß, daß Sie „Probleme“ haben, dann kann es durchaus sinnvoll sein, ihm zu sagen, daß Sie etwas dagegen unternehmen (in Behandlung sind). Weiß Ihr Chef hingegen nichts von Ihren Nöten, dann gibt es keinen Grund, ihm davon zu erzählen.

75. Ich habe Angst* vor Problemen, bevor sie überhaupt entstehen. Kann man dagegen etwas tun?

Ihre Frage beweist, daß Sie eine ausgezeichnete Phantasie besitzen. Phantasie ist die Fähigkeit, sich etwas vorzustellen, was (noch) nicht eingetreten ist. Es ist schade, wenn Sie dieses Talent auf **mögliche** Probleme lenken, die noch gar nicht passiert sind. Studien zeigten, daß 90 Prozent der Dinge, um die wir uns sorgen, später gar nicht eintreten. Wenn Sie also merken, daß Sie beginnen, sich Sorgen zu machen, nehmen Sie ein Blatt Papier, und ziehen Sie in der Mitte einen senkrechten Strich. Notieren Sie auf der einen Seite, was alles passieren könnte, und finden Sie auf der anderen Seite mindestens drei positive Dinge, die ebenfalls eintreten könnten. Und nun nutzen Sie Ihr Talent (Ihre Phantasie) bewußt, um sich die positiven Dinge vorzustellen. Übrigens können Sie Ihre Fähigkeit auch systematisch einsetzen, um sich positive Dinge auszumalen, die vor Ihnen liegen… Vorfreude ist ja eine der schönsten Freuden.

Merke: Da Sie in jedem einzelnen Augenblick jeweils nur **einen** Gedanken denken können, heißt das: Je häufiger Sie sich auf mögliche positive Entwicklungen in Ihrer Zukunft konzentrieren, desto mehr „füllen" Sie Ihren Verstand mit diesen Bildern, so daß die negativen in diesen Zeiten keinen Platz mehr haben.

---

* Zum Thema „Angst" finden Sie im Anhang noch eine komplexere Antwort. Bitte lesen Sie dort weiter.

76. Wie finde ich Lösungen für ein Problem?

Manchmal bringt Nachdenken einfach nicht weiter. Eine Idee muß reifen, wie ein Baby von der Zeugung bis zur Geburt heranreift. Kreativitätsforscher sprechen von „Gestation“, das heißt: eine bewußte Pause von diesem Problem machen.

Was passiert in dieser Pause? Nachdem uns das bewußte Denken nicht weitergebracht hat, kann jetzt unser Unbewußtes arbeiten, denn dort liegt die Lösung.

Man hat ausgerechnet, daß das Bewußtsein einer „Strecke“ von fünf Millimetern entspricht und das Unbewußte einer „Strecke“ von elf Kilometern. Den „ersten halben Kilometer“ Unbewußtes erwischen wir noch relativ gut. Aber wir brauchen eine Technik, damit unsere Intuition bis zur Oberfläche driften kann. Das geht nur, wenn wir völlig entspannt sind.

Wissen Sie, wie der Mathematiker und Physiker Archimedes (280 – 212 v. Chr) das Prinzip der „schwimmenden Körper“ fand? („Jeder ins Wasser getauchte Körper erhält von diesem einen Auftrieb, der dem Gewicht der verdrängten Wassermenge entspricht.“) In der Badewanne! Als er ins Wasser stieg, lief die Badewanne über. Plötzlich wurde ihm klar, daß sein Körper das Wasser verdrängt hatte – daß demzufolge jeder Körper Wasser verdrängt, abhängig von seinem spezifischen Gewicht. Er soll nackt aus der Wanne gesprungen und auf die Straße gelaufen sein, das berühmte „Heureka!" („Ich hab's gefunden!") rufend.

Das Unbewußte beschäftigt sich also auch während einer Pause mit Ihrem Problem. Diesen Effekt kann jeder produzieren lernen, wenn er sich darin übt. Dazu hat der berühmte Künstler Salvadore Dali eine phänomenale Technik erfunden:

Legen Sie sich auf Ihr Bett. Neben sich stellen Sie eine große Messingschale. In die Hand nehmen Sie einen Löffel. Den halten Sie an der Bettkante oberhalb der Messingschale fest. Legen Sie vorher Diktiergerät oder Block und Bleistift bereit. Sie können gern eine ruhige Musik hören. Und jetzt schließen Sie die Augen. Driften Sie einfach. Versuchen Sie, in den Zustand zu gelangen, den Sie kurz vor dem Einschlafen erreichen. Denken Sie an irgend etwas Schönes, an Ihre Urlaubsreise etwa, dann nimmt Ihr Geist Abstand von dem Problem, das Sie lösen wollen. Wenn der Punkt kommt, an dem Sie fast einschlafen, läßt die Muskelspannung nach – und der Löffel fällt mit großem Geschepper in die Messingschale. Sie sind hellwach. Jetzt Diktiergerät oder Bleistift und Papier nehmen und sofort zehn Minuten nonstop diktieren oder notieren, was Ihnen einfällt, auch wenn Ihnen nichts einzufallen scheint. So haben die Gedanken eine Chance, zur Oberfläche aufzutauchen. Sie werden staunen, was dabei alles herauskommt.

Wenn Sie jetzt allerdings im Büro sitzen und ein Problem lösen sollen und sich nicht hinlegen können, sollten Sie folgende Technik einsetzen: Schreiben Sie einen Dialog (wie im Theater). Oder sprechen Sie ihn auf Band. Sprechen Sie mit Ihrem Unbewußten. Angenommen, Sie wollen ein Problem für einen Kunden lösen. Dann stellen Sie sich die Situation bildhaft vor. „Sagen" Sie zum Beispiel: „Lieber Kunde, wir haben uns die Kampagne so und so vorgestellt." Dann lassen Sie Ihren Kunden etwas „sagen". Dann „sagen" Sie wieder etwas. Dabei kommen die Knackpunkte am besten heraus.

Wenn es nicht um eine Person, sondern um eine Sache geht, an der Sie herumknobeln: „Reden" Sie mit Ihrem Kugelschreiber oder Ihrem Computer. Das Papier „sagt" beispielsweise: „Was wirst du heute auf mich schreiben?" (Das ist übrigens eine Kreativitätsübung für Schriftsteller.) Jetzt „sagen" Sie: „Ich habe da ein Problem, das ich lösen will…" Wichtig ist, daß Sie die normalen Denkbahnen verlassen, so finden Sie ganz leicht eine neue Sichtweise. Sie blicken quasi hinter die „Wand", welche Sie zuvor blockiert hat. Allerdings funktioniert diese Methode nur unter einer Voraussetzung: Man muß es tun!

77. Warum stört es mich, wenn mir Kollegen im Büro zu sehr auf die Pelle rücken?

Beobachten Sie einige Tage lang ganz bewußt, wie Menschen mit dem Raum, der sie umgibt, umgehen. Wir lassen nämlich nicht jeden Menschen gleich nahe an uns heran und ärgern uns über Leute, die unsere „Raumzone" nicht respektieren, denn hier gelten ungeschriebene Gesetze.

Um über die Distanz, die uns von anderen trennt, sprechen zu können, teilt man den Raum, der uns umgibt, in vier Zonen:

1. **Die Intimzone:**
   Die Engländer nennen sie auch „bubble" („Blase"): Diese „Blase" umgibt uns wie eine zweite Haut. In ihr fühlen wir uns sicher. Personen, die unsere Intimzone **nicht** betreten dürfen, halten wir uns zirka eine halbe Armlänge „vom Leibe". Die Bedingung, unter der wir jemanden freiwillig in unsere Intimzone eintreten lassen, ist **Vertrauen**. Was aber nicht bedeutet, daß wir jemanden, dem wir vertrauen, immer in unsere Intimzone hineinlassen. Das Schlüsselwort ist „freiwillig". Wer die Intimzone eines anderen mißachtet, mißachtet gleichzeitig die Person. Je mehr es uns stört, wenn jemand unsere Intimzone ungebeten betritt, desto mehr Kampfhormone produzieren wir. Wir „schalten" innerlich auf Abwehr um: Wir lehnen uns zurück bzw. tre-

ten einen Schritt zurück (Flucht) oder treten dem anderen entgegen und behaupten uns (Kampf).

2. **Die persönliche Zone:**
   Hier lassen wir freiwillig all jene Personen hinein, mit denen wir nicht so intim sind, daß sie unsere Intimzone betreten dürfen, die uns aber auch nicht so fremd sind, daß sie in unserer nächstweiteren Zone verbleiben müßten, also gute Freunde, Familienmitglieder, Kollegen, mit denen uns ein herzliches Verhältnis verbindet, sowie all jene Mitmenschen, mit denen wir gut und gerne kommunizieren.

3. **Die soziale Zone:**
   Sie ist für soziale Kontakte oberflächlicher Art reserviert, z.B. für Bekannte, manche Kollegen, die meisten Chefs.

4. **Die öffentliche Zone:**
   Damit ist der Abstand gemeint, den z.B. ein Lehrer (Redner) von seiner Klasse (Publikum) hält. Um noch einmal auf Ihre Frage zurückzukommen: Es wird Sie immer stören, wenn Kollegen, die sich in Ihrer sozialen Zone aufhalten mußten, **unbewußt** in Ihre persönliche Zone eindringen, oder wenn Kollegen, denen Sie die persönliche Zone erlauben würden, in Ihre Intim-Zone eindringen (z.B. beiläufige Berührungen!).*

---

* Quelle: *Signale des Körpers*, Vera F. Birkenbihl, 12. Auflage, mvg-verlag, Landsberg 1997

78. Wie gehe ich mit Rechthabern um?

Bei Menschen, die unbedingt recht haben wollen, spielt sich das „kleine Ich" (das erinnert an die Sandkastenspiele von Dreijährigen) auf. Recht haben wollen entspricht dem Anspruch auf eine Machtposition und signalisiert: „Ich bin besser als du." Es geht **nicht** um die Sache, sondern um den Menschen, der behauptet, es **ginge** um die Sache. Sie können auf das „kleine Ich" dieser Menschen mit zwei unterschiedlichen Strategien reagieren:

Erstens: Sie können seinem „kleinen Ich" die „Wohltat" erweisen, recht zu bekommen (der Klügere gibt nach), statt auf das Spiel einzugehen. Denn wenn Sie auf das Spiel eingehen, wird der Kampf eskalieren.

Merke: Widerstand ist die „beste" Methode, einen Zustand (bzw. Kampfhandlungen) andauern zu lassen.

Zweitens: Fragen Sie sich, wie wichtig es **Ihnen** ist, Ihre Meinung durchzusetzen, und ob der Mensch, der Ihnen rechthaberisch erscheint, vielleicht doch die besseren Argumente (von der Sache her) haben könnte. Vielleicht spielen auch Sie gerade (unbewußt) den Rechthaber, dann sind auch Sie nicht unbedingt fähig, die Güte der Argumente sachlich zu beurteilen.

Tip: Wann immer wir widersprechen wollen, könnten wir uns zuerst fragen: Welche Argumente sprechen für die andere Seite? Dadurch lernen wir die Position des anderen besser kennen und können besser argumentieren. Wenn Sie feststellen, daß Sie überhaupt keine Argumente der „Gegenpartei“ kennen, dann könnte Sie das nachdenklich stimmen. Wie oft widersprechen wir Aussagen, die wir im Grunde nicht durchdacht haben?

79. Ich sterbe vor Angst*, wenn ich vor mehreren Menschen sprechen soll

Für eine amerikanische Studie wurden einmal die schlimmsten Ängste untersucht. Platz 7 nahm die Angst vor dem Tod ein. Platz 2: die Angst, eine Rede halten zu müssen!

Warum macht uns das so große Angst? Ganz einfach: Weil wir ständig alles bewerten – und uns selbst oft am strengsten. Und weil wir glauben, alle anderen hätten dasselbe Bewertungsschema im Kopf. Tatsache ist aber: Die Zuhörer sind heilfroh, daß sie nicht da vorn stehen müssen. Sie bewundern den Mut des Redners und sind durchaus bereit, ihn zu „tragen".

Was sollte ein Redner tun? Er nimmt seine innere Skala von 0 bis 100 und fragt sich: Wie groß ist meine Angst? Ist sie „unter 30 Prozent"? Dann kann er zur „Als-ob-Strategie" greifen: Er tut so, als ob er sicher wäre, das heißt: Er stellt sich besonders gerade hin, atmet tief durch, damit seine Stimme bei den ersten Worten nicht zittert, und trägt seine gut vorbereitete Rede vor.

Ist die Angst aber „größer als 30 Prozent", sollten wir die Flucht nach vorn ergreifen und über unsere Angst reden. Als ich meine ersten Vorträge hielt, war ich so nervös, daß

---

* Zum Thema „Angst" finden Sie im Anhang noch eine komplexere Antwort. Bitte lesen Sie dort weiter.

ich kein Wort herausbrachte. Also habe ich gesagt: „Wenn Sie glauben, ich bin jetzt nervös… (Pause, weil ich schlucken mußte), …dann haben Sie recht.“ Großes Gelächter, und damit war die Sache gelaufen.

Das schlimmste an „großer Angst“ ist nämlich nicht die Angst selbst, sondern die Angst davor, daß andere unsere Nervosität „bemerken“. Tatsache aber ist: Unsere eigenen Maßstäbe sind wesentlich härter als die, die andere anlegen.

80. Ware defekt – aber ich traue mich nicht, mich zu beschweren

Sie stehen nicht allein. Wir wissen, daß von 100 unzufriedenen Kunden sich nur wenige beschweren. Die meisten werden **nicht** reklamieren, weil sie sagen: „Es hat ja doch keinen Sinn, mit denen zu reden, die interessieren sich nicht für mich!“ Viele andere haben ähnliche Hemmungen wie Sie (weil sie die Konfrontation vermeiden wollen). Auch diese Hemmungen wurden natürlich durch schlechte Erfahrungen in der Vergangenheit ausgelöst. Schließlich haben Studien gezeigt, daß wir in Deutschland in einer „Servicewüste“ leben. Der japanische Unternehmensberater Minoru Tominaga nennt unsere Einstellung zum zahlenden Kunden „kundenfeindlich“, und die Amerikaner bezeichnen unser Desinteresse an Kunden sogar als „deutsche Krankheit“.

Trotzdem können Sie sich wehren – auch wenn Sie ein direktes Gespräch (oder Telefonat) vermeiden wollen. Delegieren Sie diese Aufgabe! Bitten Sie jemanden, der Konfrontationen „liebt“, die Angelegenheit für Sie in die Hand zu nehmen. Vielleicht können Sie dieser Person einen anderen Gefallen erweisen? Die Erfahrung hat nämlich gezeigt, daß Menschen, die davon ausgehen, daß sie sich durchsetzen werden, weit mehr Erfolg in solchen Situationen haben als eher schüchterne Menschen! Somit werden **Ihre** Chancen durch eine aktionsbereite Person weit größer, als wenn Sie sich „überwinden“ und selbst hingehen (oder anrufen).

81. Probleme regen mich maßlos auf – was kann ich dagegen tun?

Möchten Sie bei manchen Ihrer großen Probleme eine Art Zauberstab besitzen, mit dem Sie den „Elefanten“ des Problems sofort in eine „Mücke“ verwandeln können? Nun, den „Zauberstab“ gibt es; ich nenne ihn das „Relativitäts-Prinzip der Psyche“. Was heißt das?

Sowohl Probleme als auch Situationen, die normalerweise Ärger auslösen könnten, werden immer in Relation (Bezug) zu unserem Weltbild sowie zu unseren Zielen gesehen. Je größer unsere Ziele, desto kleiner erscheinen die Probleme. Und umgekehrt.

Wenn jemand ein mittelfristiges Zwei-Jahres-Ziel verfolgt und er verliert durch die Unfähigkeit eines anderen 10 Minuten, dann wirken diese – in Relation zum Zwei-Jahres-Ziel – eher unbedeutend. Also verspürt er nicht den Impuls, den Menschen, der den Zeitverlust verschuldet hat, in die Pfanne zu hauen. Ist jemand jedoch auf dem Weg, ein kleines Zwei-Stunden-Ziel zu verfolgen, dann wirken 10 verlorene Minuten natürlich dramatisch. Dementsprechend heftig kann nun seine Reaktion ausfallen.

Und Sie? Wie dramatisch wirken kleine Fehler, Pannen und Schwächen Ihrer Mitmenschen auf Sie? Und wie reagieren Sie demzufolge, wenn etwas schiefgeht? Oder denken wir an eine Beleidigung: Angenommen, eins meiner großen Ziele lautet: Ich will meine Fähigkeiten optimal nutzen und auch den Menschen, mit denen ich Kontakt habe (sowie meinen Lesern und Hörern), helfen, auch ihre Stärken bewußt auszubauen. Nehmen wir weiter an, daß jemand mich beleidigt. Wenn ich die Beleidigung in Relation zu meinem großen Ziel sehe, dann frage ich mich jetzt: „Bringt es **mich** meinem Ziel weiter, wenn ich zu ihm sage: Selber doof!"? Bringt es **ihn** als Person weiter, wenn ich zurückschlage? Wohl kaum!

Sie sehen also, wie das Relativitäts-Prinzip der Psyche funktioniert: Je größer Ihre Ziele, desto kleiner erscheinen Ihnen die Probleme auf dem Weg dorthin. Das ist **ein** Aspekt. Aber es gibt noch einen weiteren, der uns sehr helfen kann, mit Widrigkeiten fertigzuwerden.

Normalerweise ist uns nämlich **nicht** bewußt, wie stark unser Weltbild von unserem **spezifisch menschlichen Zeitempfinden** abhängt.

Wenn jeder einzelne von uns 10 000 Jahre lang leben würde, dann würden wir gewisse globale Veränderungen (z.B. den Aufbau und Verfall ganzer Zivilisationen) ebenso bewußt miterleben, wie wir die Jahreszeiten registrieren. Betrüge unsere Lebensspanne hingegen nur Stunden oder Tage, dann wäre bereits eine einzige Jahreszeit für uns ein unfaßbares Konzept!

Deshalb kann es hilfreich sein, für unvorstellbar große oder kleine Zeiträume Denk-Bilder zu schaffen. Insbesondere, wenn Sie glauben, **riesige Probleme** zu haben. Die meisten Elefanten-Probleme werden nämlich zu Mücken (zwar lästig, aber klitzeklein und selten tödlich), wenn man sie in den Rahmen des kosmischen Geschehens stellt…

Das Relativitäts-Prinzip der Psyche besagt, daß *alle* Aspekte unseres Lebens immer **relativ zu etwas** gesehen und gewertet werden müssen.

Hastet ein Mensch von Miniziel zu Miniziel, so wird er alles Negative als relativ schlimm erfahren. Gleichzeitig hat er aufgrund seines ständigen Energieverschleißes keine Kraft mehr, den Humor einer widrigen Situation erkennen zu können. Er ist immer bemüht, die nächsten zwei, drei kleinen Etappenziele auf seiner großen Resie nach nirgendwo zu erreichen. Jedes Steinchen auf dem Weg wirkt wie ein gigantischer Felsbrocken auf ihn, jedes amüsierte Lächeln eines Mitmenschen wie Hohngelächter. Jede kleine Kritik wird zum Frontalangriff, weswegen er auch relativ schnell mit Kanonen auf Spatzen schießt.

Es liegt also an uns, wie wir die Welt erleben wollen. Wir können uns über jede Kleinigkeit aufregen; dann haben wir zumindest eine Beschäftigung… Oder aber wir können uns für ein großes Ziel entscheiden, für ein übergeordnetes Leitmotiv unseres Lebens. In dem Augenblick, da wir dies tun, wird die Welt anders auf uns wirken: Wir gewinnen Distanz! Wir können auch in negativen Situationen noch Positives entdecken. **Ein** wesentlicher Vorteil fast jeder Streßsituation ist der eingebaute **Lern-Effekt.** Lieber heute ein wenig Lehrgeld zahlen als später viel mehr. **Wenn** es mir gelingt, aus dem Heute eine Lehre zu ziehen, wird alles Negative relativiert und verliert an Schärfe.

Viele meiner Seminarteilnehmer fanden das folgende Credo sehr hilfreich. Es kann als eine Art von Vertrag gesehen werden, den Sie mit sich selbst schließen. Es ist enorm hilfreich, diesen Vertrag öfter bewußt durchzudenken.

Credo

Ich weiß, daß es keine objektive Wahrnehmung geben kann; weder auf dem subatomaren Niveau noch in der normalen Größenordnung meiner Welt.

Daher kann ich wählen: Statt (unbewußt) durch die dunkel gefärbte Brille meiner Streß-Hormone zu blicken (die alles schlimmer wirken lassen), habe ich mich ganz bewußt entschlossen, meine Wahrnehmung zu positivieren; indem ich alles **relativ zu meinen Interessen, meinem Ziel und meinem Leitmotiv sehen und hören** werde.

Wahrnehmen heißt immer auch, die Welt erschaffen. Daher wähle ich bewußt, ob mir viele Elefanten oder viele Mücken begegnen werden.

Weitere Gedanken zur selben Thematik finden Sie unter „Ärger“ (S. 13), „Erwartungen (S. 58), „Feind“ (S. 64) und „Wut“ (S. 190).

82. Rhetorik

Wenn Sie über Nacht ein hervorragender, brillanter und faszinierender Redner sein wollten, müßten Sie sich überlegen, worüber Sie am liebsten phänomenale Reden halten wollten.

Anders ausgedrückt: Wenn sie ein Anliegen haben, das Ihnen wirklich „auf den Nägeln brennt", werden Sie wenige rhetorische Probleme haben.

Was den meisten „Schwaflern" abgeht, ist das brennende Verlangen, eine spezifische Botschaft zu senden. Der Rest ist Technik; zum Beispiel:

Wer? Stellen Sie sich vor, jeder Hörer trüge auf der Stirne ein Schild: „Was habe ich davon?" Wenn Sie sich auf seinen Vorteil konzentrieren und sich fragen, wer ist der Hörer, den ich vor mir habe, werden Sie automatisch die richtigen Worte finden. So gewinnen Sie sein Ohr (und sein Herz)!

Was? Bringen Sie den Inhalt Ihrer Aussagen so anschaulich wie möglich – verwenden Sie Fallbeispiele und Vergleiche, bemühen Sie sich um eine bildhafte Sprache und Metaphern (z.B. „leicht wie eine Feder"). So kann sich Ihr Hörer ein Bild machen.

Was tun? Wenn sie appellieren (zu konkreten Handlungen aufrufen), dann sagen Sie klar, was man tun soll. Verkaufen Sie „Rezepte". „Man nehme …!"

Warum? Und vergessen Sie nicht, Ihre Aufforderung zu begründen. Für alles gibt es ein Warum.

Merke: Einer der häufigsten Fehler im Alltag ist, daß man nicht genau weiß, warum man etwas tun oder warum man es so (und nicht anders) tun soll. Ob Sie einen Mitarbeiter oder 1000 Zuhörer zu bestimmten Aktionen animieren wollen, ist dabei gleichgültig.

83. Kann man Schlagfertigkeit lernen?

Bedenken Sie bitte, daß „Schlag-Fertigkeit" einerseits eine Bereitschaft zum „Schlagen" darstellen kann, das heißt die Bereitschaft, andere Menschen zu verletzen. Wollen Sie **das** lernen? Andererseits impliziert die Bedeutung des Wortes, daß man schnell und spontan auf einen Gedanken reagieren kann. Letzteres kann man sehr wohl trainieren. Ich schlage Ihnen eine einfache Übung vor, das sogenannte Sprech-Denken: Sie brauchen eine Stecknadel und einen gedruckten Text (wie zum Beispiel dieses Buch). Stechen Sie (ohne hinzuschauen) die Nadel an irgendeiner Stelle in den Text. Anschließend suchen Sie das der Nadel am nächsten stehende Hauptwort. Nun beginnen Sie **sofort**, über diesen Begriff zu sprechen, und zwar genau eine Minute lang. Wenn Ihnen nichts einfällt, dann sagen Sie: „Jetzt fällt mir nichts ein", aber sprechen Sie unbedingt weiter. So lernen Sie, auf ein Stichwort, das **unvorbereitet** auftaucht, **sofort** (schlagfertig) zu reagieren. Wenn Sie dieses Training regelmäßig durchlaufen, werden Sie innerhalb weniger Tage oder Wochen feststellen, daß es Ihnen immer leichter fällt. Die Technik des „Sprech-Denkens" ist wie jede Technik (vergleiche Kreuzworträtselraten): Am Anfang fällt es noch schwer (da geben die meisten auf), aber später macht es Spaß.

84. Ich bin so schlampig – was hilft?

Die sogenannte Schlamperei kann in zwei Kategorien eingeteilt werden.

Erstens: Suchen Sie regelmäßig Ihren Schlüssel, weil Sie **wieder** nicht wissen, wo er liegt? Häufen sich Stapel von Arbeitsvorgängen, die Sie **ständig** suchen? Diese Art von Schlamperei kostet auch den Schlampigen sehr viel Extra-Energie und könnte durch ein Ordnungssystem geändert werden. Sorgen Sie dafür, daß zumindest die wichtigsten Gegenstände (z.B. Schlüssel) immer nur an einer einzigen Stelle abgelegt oder aufgehängt werden.

Zweitens: Was andere Leute häufig als schlampig empfinden, kann ein **„kreatives Chaos"** sein: Der Betreffende hat zwar den totalen Überblick, aber seine Umgebung **wirkt** in den Augen anderer als unordentlich. Falls das bei Ihnen der Fall ist, lassen Sie sich von **keinem** einreden, Sie müßten das ändern. Untersuchungen haben gezeigt, daß es Menschen gibt, die in der Regel einen leeren Schreibtisch (Küchentisch) haben, und solche, bei denen das nicht der Fall ist. Es scheint sich hier um eine angeborene Neigung zu handeln. Sollte Ihr Kind oder Ihr Partner zu den „kreativen Chaoten" gehören, halten Sie sich mit ständigen Erziehungsversuchen zurück. Sie würden den Betreffenden nur frustrieren, so daß Sie am Ende einen **unglücklichen „kreativen Chaoten"** haben, womit keinem gedient ist.

85. Meine Schwiegermutter kritisiert mich dauernd und behauptet, sie fühle sich verantwortlich für mich. Kann sie denn Verantwortung für mein Leben übernehmen?

Interessanterweise wird die Aussage („Ich fühle mich verantwortlich für dich!") häufig von Menschen gemacht, die sich in Wirklichkeit vor Verantwortung **drücken**. Wer sich verantwortlich **fühlt,** sucht keinen Schuldigen – weder bei anderen noch bei sich selbst. Wer dagegen **behauptet,** für alles verantwortlich zu sein, ist ständig dabei, Schuld zuzuweisen. Wenn jemand wirklich Ver-**antwort**-ung übernimmt, heißt das: Er gibt Antworten auf das, was passiert, aber er greift nicht ständig in das Leben anderer ein („Ich will dir ja nur helfen") und vergeudet seine wertvollen mentalen Ressourcen nicht damit, Rechtfertigungen zu schaffen, wenn irgendwelche Pannen passiert sind.

86. Wie reagiere ich, wenn sich jemand im Ton vergreift?

Wir sollten unterscheiden zwischen dem „kleinen Ich“ (beziehungsweise Ego) und dem eigentlichen wahren Kern unseres Selbst; darauf weisen die Weisheitslehren der Menschheit hin. Das „kleine Ich“ kennt keine wahre Liebe, es ist ständig in Verteidigungsbereitschaft, neigt dazu, Schuld zu suchen und eigenes Verhalten zu rechtfertigen. Das „kleine Ich“ fühlt sich getroffen, wenn uns der Ton nicht gefällt, es ist beleidigt.

Das „höhere Selbst“ hingegen spürt die Verbindung zwischen Menschen, es ist liebesfähig und kann andere Menschen auch dann akzeptieren, wenn dem „kleinen Ich“ etwas mißfällt. Überlegen Sie weiter: Der „falsche“ Ton bedeutet lediglich, daß Sie einen anderen Tonfall erwartet hatten. Das heißt: Sie sind jetzt enttäuscht. Nehmen Sie das Wort wörtlich: Wenn „Ent-Bindung“ bedeutet, daß die Bindung aufhört, dann bedeutet „Ent-Täuschung“, daß die Täuschung aufhört. Machen Sie sich bitte klar, daß ein Mensch, der sich wohl fühlt, unfähig ist, andere anzugreifen und in die Pfanne zu hauen. So gesehen ist der Mensch mit dem „falschen Ton“ nicht das „fiese Schwein“, als das Ihr „kleines Ich“ ihn zunächst wahrnahm, sondern eigentlich eher „ein armes Schwein“, das derzeit zuviel Streßhormone in seinem System hat (was sich in seinem Tonfall ausdrückt). Wenn Sie Mitleid empfinden können, statt den Menschen zu verurteilen, dann können Sie trotzdem ruhig und gelassen reagieren. Der Wald „ruft" so zurück, wie man „hineingerufen" hat. Das heißt: Statt zu erwarten (was wir unbewußt tun), daß andere höflich in unseren „Wald" hineinrufen, damit wir ihr höfliches Echo sein können, könnten wir versuchen, als Rufender das Echo des jeweiligen Gesprächspartners positiver zu gestalten. Damit haben wir uns beiden einen großen Gefallen getan. Bücher zum Thema „Selbstbewußtsein" finden Sie im Literaturverzeichnis (Anthony, Dyer, Egli, Jampolsky/Cirincione, Roger/McWilliams, Roman).

87. Ich denke immer, ich bin nicht gut genug (obwohl andere meine Arbeit für ausgezeichnet halten)

Ihre Frage erinnert mich an den Koch eines Familienrestaurants (den ich in meinem Buch *Erfolgstraining* beschrieben habe). Tatsache war: Er kochte ausgezeichnet (was sich daran zeigte, daß immer mehr Gäste zu Stammkunden wurden). Aber dieser Koch hatte einen strengen Vater, der ihn immer kritisierte und fast nie lobte. Deshalb litt er trotz hervorragender Leistungen an seiner eigenen kritischen Selbsteinschätzung. Viele von uns kennen das. Zuviel Kritik in der Vergangenheit schafft einerseits einen hohen Leistungsstandard in unseren Köpfen, andererseits beurteilen wir uns viel zu hart. Es geht uns wie dem Koch: Wir sehen nur die Fehlerchen und verkrampfen uns immer mehr.

Im Seminar wurde dem Koch klar, daß sein schlechtes Selbstwertgefühl, seine ständigen Gefühle der Unsicherheit und des Mißerfolgs nur eine Folge dieser Wirklichkeitsverzerrung waren, die er selbst vornahm. Er lernte, sein Augenmerk auf seine überdurchschnittliche Leistung zu lenken – was sein ganzes Leben veränderte. Er schrieb mir später: „Ich sah meine alten Zeugnisse, die ich schon zigmal gelesen hatte, in einem völlig anderen Licht. Plötzlich wurde mir klar, wie positiv die Formulierungen meiner Lehrer, meines Meisters und meiner früheren Chefs waren. Ich muß blind gewesen sein. Und taub! Plötzlich fielen mir auch die vielen Komplimente ein, die unsere Gäste mir schon oft gemacht hatten. Aber irgendwie waren die früher immer an mir vorbeigegangen."

88. Wie werde ich selbstsicherer? (Und wie bestehe ich neben Angebern?)

Beginnen wir mit der zweiten Frage. Der Volksmund weiß es schon lange, daß die, die angeben, „es nötig haben", und zwar: je größer die „Angabe", desto mehr.

Nehmen Sie den Ausdruck beim Wort: Solche Menschen möchten „angeben", wie groß (gut, tüchtig usw.) man sie einstufen soll – eben weil sie Angst haben, man würde sie zu gering schätzen. Warum? Weil sie (oft ihr Leben lang) zuwenig Achtung von ihren Mitmenschen erfahren haben.

Oft erhielten sie schon im Elternhaus ständig negative Signale („Du kannst das nicht."; „Dazu bist du zu blöd!"; „Dein Bruder kann das besser…"), die in der Schule zu krampfhaftem Gefallenwollen (Streß!) führten und Denkblockaden auslösten, was wiederum mit viel Tadel (rot angestrichene Fehler) einherging. Vielleicht wurden sie auch von Schulkameraden gehänselt oder später von ihren Arbeitskollegen nie richtig „ernst genommen". Im Klartext: Wer angibt, versucht, sich durch Erzählungen oder Statussymbole „größer" zu machen, und zwar um so mehr, je „kleiner" er sich vorkommt.

Warum sollten solche Menschen Sie verunsichern, wenn Sie den Zusammenhang einmal begriffen haben? Oder fühlen Sie sich selbst von ihnen gefährdet? Wenn ja, warum? Was uns zur ersten Frage bringt:

Unsichere Menschen wurden von anderen zuviel kritisiert und zuwenig gelobt, vor allem in der Kindheit, als sie noch völlig abhängig von den „Großen“ waren.

Aber heute sind Sie kein Kind mehr! Heute können Sie diese Zusammenhänge begreifen und Konsequenzen ziehen. Ich schlage Ihnen dazu drei Wege vor.

1. Zeichnen Sie eine „Torte“ mit Linien, welche die „Tortenstücke“ darstellen. Beschriften Sie diese kleinen Abschnitte mit Stichworten, was Sie „sehr gut“, „gut“

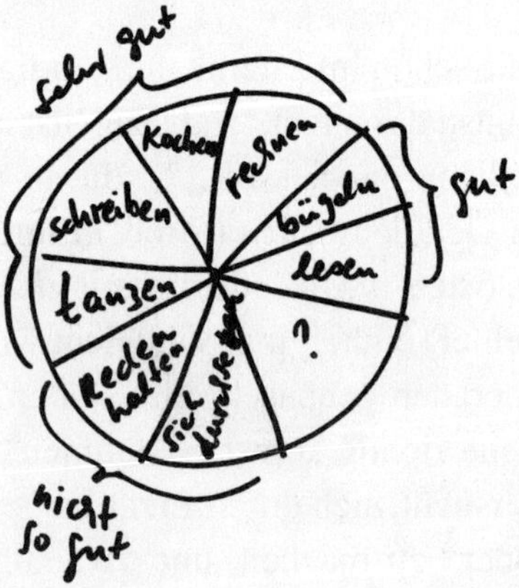

und „weniger gut“ können. Wenn irgend möglich, sollten Sie anschließend mit einer (einigen) Person(en) Ihres Vertrauens sprechen, denn wer früher viel kritisiert wurde, schätzt sich in der Regel unrealistisch „klein“ ein. Begreifen Sie, daß nicht alle Menschen auf denselben Gebieten phänomenal sein müssen (das wäre auch langweilig). Vielleicht sind Sie kein brillanter Redner, dafür aber ein aufmerksamer Zuhörer (und somit eine echte Ausnahme, darauf können Sie stolz sein!). Vielleicht liegen Ihnen Haushaltsarbeiten nicht so sehr, dafür können Sie aber hervorragend kochen (das erkennt man z.B. an der Fähigkeit, mit Resten zu „zaubern"). Oder vielleicht sind Sie ein guter Beobachter, eine gute Beobachterin?

2. Lernen Sie, sich nicht dauernd mit anderen zu vergleichen. Wenn Sie sich mit Menschen vergleichen, deren Stärke Ihnen aufgefallen ist, sagt das **absolut nichts** über deren andere „Tortenstücke" aus, oder? Lernen Sie, sich selbst zum Maßstab für sich zu machen. Fragen Sie sich regelmäßig: „In welchen Bereichen möchte ich mich Schritt für Schritt verbessern? Was habe ich in der letzten Woche diesbezüglich unternommen? Wo bin ich bereits besser als vor drei Monaten?"

3. Arbeiten Sie immer an Ihrer Selbstverbesserung.

Ob Sie ein Buch lesen oder einen Volkshochschulkurs besuchen – praktizieren Sie lebenslanges Lernen. Das ist nicht nur die beste Anti-Alzheimer-Prophylaxe und hält Ihr Gehirn in Schwung, es ist auch enorm gut für Ihr Selbstwertgefühl.

Denn wenn Sie sich in puncto lebenslanges Lernen mit den meisten Menschen (und deren krampfhaftem Festhalten an Althergebrachtem) vergleichen, schneiden Sie immer ausgezeichnet ab. Garantiert!

89. Trauen Sie Ihren Kundenbetreuern!

Zwar bemühen sich immer mehr Firmen, im Servicebereich „mehr zu tun", aber…

Angenommen, Sie kaufen einen neuen Drucker für Ihre Computeranlage. Die Werbung hat bestimmte Vorstellungen in Ihnen geweckt, auch ein Bericht in einer Fachzeitschrift (den Sie lasen, weil Sie davor die brillante Werbung gesehen hatten) versprach Ihnen die Lösung all Ihrer Rasterprobleme bei den Scans, z.B. für Prospekte, mit denen Sie wiederum Ihre Kunden beeindrucken wollen. Nun steht das neue Stück da, und die Abbildungen sind um keinen Deut besser als mit dem alten Gerät. Das ärgert Sie vor allem deshalb, weil der Kundenbetreuer Ihnen am Tag der Installation einige Musterausdrucke (mit **seinen** mitgebrachten Vorlagen!) angefertigt hatte, die Ihren Hoffnungen voll entsprachen.

Nun wollen Sie mit diesem Fachmann reden. Er soll noch einmal kommen und Ihnen mit Ihren eigenen Vorlagen zeigen, was der neue Drucker wirklich kann. (Sie sind ein wenig sauer auf sich, weil Sie am Installationstag nicht gleich auf diese gute Idee gekommen sind.)

Also greifen Sie zum Hörer und wollen einen Termin vereinbaren. Aber nun teilt man Ihnen mit, daß für Reklamationen ein anderer Mitarbeiter zuständig ist. Sie bestehen darauf, daß Sie Ihrem Betreuer ja im Vorfeld genau erklärt hatten, wie Ihre Tagesarbeit aussieht und worauf es ankommt, aber es nützt nichts. Entweder Sie lassen den Ihnen unbekannten Fachmann für Reklamationen kommen oder Sie haben gar keine Chance…

So geschah es einem meiner Kunden. Ich kannte jemanden bei der Lieferfirma. Also rief ich dort an und befragte meinen Kontaktmann über das Servicegebaren. Dabei erfuhr ich: Der Verkäufer/Betreuer dieses Lieferanten darf bei Reklamationen prinzipiell niemals selbst zum Kunden gehen, denn die Erfahrung hat gezeigt, daß er (in der Hoffnung auf spätere Geschäfte) viel zu großzügig mit den Ressourcen der eigenen Firma umgeht. Mein Kontaktmann sagte wörtlich: „Das muß ein Reklamationsspezialist machen, der die Situation weit realistischer einschätzen kann."

Aus Sicht der Lieferfirma scheint diese Argumentation von bestechender Logik. Aber ebendiese „stechende" Logik wirkt wie ein Dolch in die Brust des Kunden! Und Sie, wie handhaben Sie ähnliche Situationen in Ihrer Firma/Abteilung? Teilen Sie die Angst, Ihre Experten könnten mit dem Kunden „fraternisieren"? Befürchten Sie allen Ernstes, Ihre Fachleute könnten tatsächlich versuchen, Ihre Kunden zufriedenzustellen? Wenn man es so formuliert, wie wirkt diese Form von Kundenbetreuung auf Sie?

90. Ich muß oft mit Leuten telefonieren, die ziemlich sauer sind (zum Beispiel, weil sie sich beschweren wollen). Wie kann ich verhindern, daß ich auf ihren aggressiven Tonfall ebenso reagiere?

Manchmal kann einem ein Anrufer ganz schön auf die Nerven gehen. Nun besteht die Gefahr, daß sich Streß oder Ärger in der Stimme ausdrücken wird (Tonfall!). Wenn Sie dies vermeiden wollen, stellen Sie eine Frage, und lassen Sie den anderen antworten. **Währenddessen** greifen Sie die Tisch- oder Stuhlkante, und halten Sie sich ganz **fest**. Auf diese Weise verkrampfen Sie Ihre Hand, nicht Ihre Persönlichkeit. Bis der andere die Frage beantwortet hat, sind Sie wieder ziemlich ruhig geworden! Jetzt können Sie die Sache neutral angehen.

Weitere Gedanken zur selben Thematik finden Sie unter „Beschwerde“ (S. 35) und „Telefonieren“ (S. 168).

91. Was soll ich tun, wenn mir jemand unsympathisch ist?

Einerseits behaupten manche Menschen gern, man könne absolut nichts dafür, ob einem jemand sympathisch ist oder nicht. Andererseits dürfen wir nicht vergessen, wie leicht(fertig) und (vor)schnell wir dazu neigen, Menschen abzulehnen, die anders denken, fühlen oder handeln als wir. Daher kann uns jemand durchaus unsympathisch **erscheinen**, nur weil uns nicht paßt, was er sagt, wie er sich kleidet, daß er uns laufend unterbricht oder ähnliches.

Deshalb rate ich Ihnen: Registrieren Sie ab heute bewußt, wer Ihnen sympathisch ist und wie leicht Ihnen die Kommunikation mit diesem Menschen fällt. Und stellen Sie sich bezüglich der (wenigen) Menschen, die Ihnen zunächst nicht gefallen, folgende Frage: „Angenommen, jemand hat mich an einem Tag kennengelernt, an dem ich ‚furchtbar im Streß‘ war und deshalb gleich ungeduldig oder patzig geklungen habe – möchte ich nicht auch, daß dieser Mensch mir beim nächstenmal ‚unbefangen‘ begegnet und mir eine zweite Chance gibt?“

Es ist sehr leicht, abzulehnen, was uns nicht gefällt. Das kann jeder noch so unbedarfte Mensch. Aber jemanden zu verstehen und positiv zu reagieren, wenn uns seine Art nicht gleich „schmeckt“, das ist eine Kunst. Wollen Sie ein Gesprächskünstler sein?

92. Tat-Sachen

Wann haben Sie das letzte Mal gedacht, man sollte sich am besten nur auf Tatsachen verlassen?

Motto: Möglichst wenig Gefühle, weil sie die analytischen Fähigkeiten stören. Selbst wenn wir unsere Gefühle nicht direkt unterdrücken, lassen wir uns doch oft von einer (unbewußten) Suche nach „nackten Tatsachen" leiten.
Z.B. wenn wir über Probleme klagen, von unangenehmen Sachzwängen sprechen, den Zeitdruck zum Täter machen oder die Gesetze des Marktes zitieren, die unseren derzeitigen (Miß-)Erfolg bewirken usw.

Viele Experimente haben immer wieder klar aufgezeigt, daß es keine Tatsachen im Sinne der allgemeinen Definition gibt. Um etwas als Tatsache definieren zu können, müssen wir es zuerst wahrgenommen haben. Dabei spielen unsere Erfahrungen und Erwartungen immer mit; deshalb können wir von der „objektiven" Welt nur bedingt Kenntnis erlangen.

Unsere „innere Welt" kann extrem vom Weltbild anderer abweichen, wobei wir eben nie wissen können, wessen Wahrheit die „bessere" ist.

Merke: Wenn Ihnen etwas negativ erscheint, dann sagen Sie sich bewußt, daß es Ihnen derzeit so erscheint und daß sie durch Ihre Taten neue Tat-Sachen schaffen können.

Lassen Sie sich nicht zu schnell von äußeren Dingen täuschen oder abschrecken. Filtern Sie den für Sie wesentlichen Kern einer Angelegenheit heraus, und versuchen Sie, die (scheinbar) negativen Begleitumstände von unterschiedlichen Blickwinkeln aus zu betrachten.

Es ist Ihr Leben und Ihre Entscheidung, wie oft Sie sich von Tatsachen bedrängen, bedrücken oder verärgern lassen (wollen). Machen Sie dieses Prinzip zur Tat-Sache, und es wird eine Tatsache in Ihrem Leben werden. Garantiert!

93. Wie wirkt man am Telefon überzeugender und positiver auf andere?

Es gibt einen uralten Trick, der ungeheuer hilfreich ist: Stellen Sie sich einen Spiegel so auf den Schreibtisch, daß Ihr Blick darauf fällt, wenn Sie in Ihrer ganz normalen Haltung telefonieren. Lernen Sie, vor dem Abheben des Hörers (wenn es geklingelt hat bzw. nach der letzten gewählten Ziffer, wenn Sie jemanden anrufen) in den Spiegel zu sehen. Dabei werden Sie anfangs öfter erschrecken. Viele Menschen wirken nämlich wesentlich ernster oder mißmutiger, als ihnen bewußt ist, wenn sie sich konzentrieren. Diese gutgemeinte Ernsthaftigkeit oder Konzentration wird sich jedoch in Ihrer Stimme aus-**drücken** und andere dadurch be-**drücken**. Der Blick in den Spiegel hilft vor allem, wenn Sie die Mundwinkel dabei anheben. Es macht übrigens nichts, wenn das eher eine Grimasse als ein Lächeln ist, weil dieses (Pseudo-)Lächeln gewisse neurophysische Prozesse auslöst und Ihre Stimmung tatsächlich hebt. Dadurch klingen Sie gelassener, höflicher, freundlicher und üben somit eine wesentlich positivere Wirkung auf Ihren Gesprächspartner aus. Im übrigen kann der Blick in den Spiegel auch dann nicht schaden, wenn Sie **nicht** telefonieren. Gehobene Mundwinkel bedeuten gehobene Stimmung – und können bei jeder Art von Tätigkeit hilfreich sein.

Weitere Gedanken zur selben Thematik finden Sie unter „Beschwerde" (S. 35) und „Streß am Telefon" (S. 164).

94. Soll man Akademiker mit ihrem Titel ansprechen?

Ja, unbedingt. Genaugenommen wird der Titel ein Teil des Namens, das heißt: Der Titelträger hat ein Anrecht, so angesprochen zu werden. Wenn Sie bedenken, wie viele Jahre jemand investiert hat, um einen Titel zu erwerben, ist das nur recht und billig. Einen Titel sollte man nur weglassen, wenn der Titelinhaber einen **ausdrücklich** dazu aufgefordert hat.

95. Ich hatte kürzlich einen Todesfall in der Familie und breche ständig in Tränen aus, wenn mich Bekannte ansprechen und fragen, wie es mir geht. Ist das normal?

Früher hat man das sogenannte Trauerjahr gepflegt. Die Erfahrung hat nämlich gezeigt, daß es ungefähr ein Jahr dauert, bis man jeden wichtigen Zeitpunkt eines Jahres einmal ohne den geliebten Menschen erlebt hat (seinen Geburtstag, andere Geburtstage in der Familie, Hochzeitstag, Ostern, Weihnachten etc.). Deshalb trugen die Leute in dieser Zeit schwarze Kleidung (oder eine schwarze Binde am Arm). Dies ist dem modernen Leben zum Opfer gefallen, was die Situation erschweren kann. Sie sollten sich überlegen, ob Sie die schwarze Armbinde tragen wollen, auch wenn man das heute seltener tut, denn man braucht tatsächlich Zeit, um die sogenannte Trauerarbeit zu leisten, und fühlt sich in dieser Zeit nicht besonders wohl (sehr schwach), so daß gerade die Frage: „Wie geht es dir?“ den eigenen Schmerz akut zum Ausbruch bringen kann.

Eine weitere Möglichkeit besteht darin, allen Bekannten einen kurzen Brief zu schreiben, in welchem Sie darum bitten, daß man Sie in dieser Zeit bewußt **nicht** fragt, wie es Ihnen geht. Das könnte die Situation sehr erleichtern.

Im übrigen ist noch etwas zu überlegen: Es kann sein, daß ein Betroffener sich seinem eigenen Schmerz noch nicht richtig gestellt hat, das heißt: Er hat noch nicht richtig geweint. Diese „Zurückhaltung“ bezahlt er dadurch, daß er ständig am Rande des Weinens ist, so daß Kleinigkeiten die Tränen auslösen können. Wenn Sie glauben, daß das bei Ihnen der Fall sein könnte, dann wäre zu überlegen, ob Sie mit einer Person Ihres Vertrauens sprechen und sich einmal richtig ausweinen möchten.

Weitere Gedanken zur selben Thematik finden Sie unter „Weinen“ (S. 185).

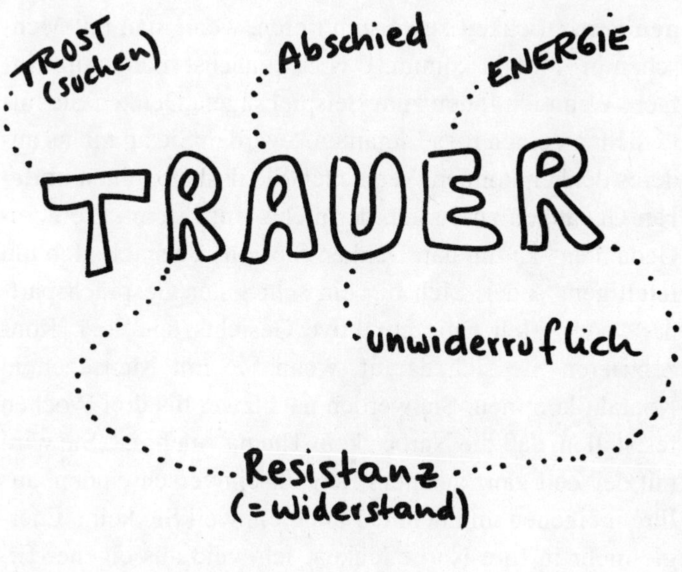

96. Nach einer Haarverpflanzung, die Narben hinterließ, mustern mich die Leute unverfroren. Wie soll ich reagieren?

Da Gedanken Energie sind, lenken Sie immer Energie in die Gedanken, die Sie denken. Auf Ihre Frage bezogen: Je mehr Sorgen Sie sich darüber machen, desto mehr leiten **Sie selbst** die Aufmerksamkeit der Leute auf Ihr Frisurproblem! Aber Sie können diese Aufmerksamkeit auch „umlenken“.

Der Trick besteht darin, sich auf andere Aspekte der **eigenen** Persönlichkeit zu konzentrieren, wenn man mit Menschen in Kontakt kommt. Das ist zunächst nicht ganz einfach. Wenn ich Ihnen zum Beispiel sage: „Denken Sie bitte nicht an einen rosa Elefanten“, werden Sie an nichts anderes denken können. Versuchen Sie deshalb, einen **anderen** Gedanken zu fassen, der nichts mit Ihrem „Problem-Gedanken“ zu tun hat. Denken Sie zum Beispiel: „Ich bin intelligent“ oder: „Ich bin ein sehr guter Gesprächspartner“ oder: „Ich habe attraktive Gesichtszüge“ o.ä. Konzentrieren Sie sich darauf, wenn Sie mit Menschen in Kontakt kommen. Sie werden nach zwei bis drei Wochen feststellen, daß die Narbe „kein Thema“ mehr ist. Sie wird mit der Zeit ganz aus dem Bewußtsein verschwinden, aus Ihrem eigenen und dem der anderen, weil Sie keine Energie mehr in Ihre Narbe lenken. Ich weiß aus eigener Erfahrung, daß es wirkt. Ich bin zum Beispiel nur 1,53 Meter „kurz“, das war nur so lange ein Problem, wie es für mich eins war. Seit ich gelernt habe, mich auf andere Dinge zu konzentrieren, bin ich deswegen nie wieder von anderen Menschen „dumm“ angeguckt worden.

97. Wie unterbreche ich Menschen in ihrem Redeschwall, ohne unhöflich zu erscheinen?

Das muß man steuern. Unterbrechen Sie dreimal! Benutzen Sie dazu Rückkopplungsfragen.

Zum Beispiel erzählt Ihnen Ihr Chef (oder ein Kunde beziehungsweise ein Verwandter) weitschweifig von seinem Dänemark-Urlaub und redet von der Fähre, mit der er gefahren ist und wie er sie verlassen wollte. Sie fragen kurz dazwischen: „In Kopenhagen?" Das ist eine höfliche Frage, die zeigt, wie interessiert Sie sind, oder? Er sagt: „Ja ja Kopenhagen..." und redet weiter. Das machen Sie ein zweites Mal. Wieder zeigen Sie Ihr Bemühen, ihn genau zu verstehen. Beim drittenmal sagen Sie: „Ich finde das sehr interessant, aber wir haben nur noch 15 Minuten Zeit. Entscheiden Sie bitte selbst, wie lange wir noch über Ihren Urlaub sprechen können."

Ihre ersten beiden „Störfragen" signalisieren: Ich will dich ja verstehen. Die dritte Frage sagt: Ich will mit dir über etwas reden, was für dich ebenso wichtig ist.

98. Wie kann ich einem Kollegen, der sich in einer Gesprächsrunde in der Firma nichts zu sagen traut, helfen?

Führen Sie ab und zu ein Einzelgespräch mit dieser Person. Das signalisiert den anderen Konferenzteilnehmern, daß **Sie** diese Person ernst nehmen. Sie geben ihr dadurch moralische Unterstützung. Motivieren Sie andere Kollegen, auch einmal mit dieser Person zu sprechen. Zum Beispiel, indem Sie sagen: „Das sollten Sie mit (dieser Person) besprechen. Sie ist dafür zuständig." Das gibt ihr eine gewisse Basis in der Gruppe.

Unterstützen Sie sie in Gesprächen. Machen Sie sich manchmal zu ihrem „Sprachrohr", wenn sie zu schüchtern ist, eigene Gedanken vorzutragen. Das fördert ihr Ansehen und macht sie gleichzeitig angstfreier, weil sie merkt: „Es gibt jemanden, der ist mir wohlgesonnen, und auf diesen Jemand hören auch die anderen."

In diesem Fall kommt der „Gruppendruck" zum Tragen. Diesem kann man sich nur schwer entziehen. Menschen, die sich in Gruppen leicht unterdrücken lassen, haben möglicherweise in ihren „Primärgruppen" (Familie, Schule) viel Unterdrückung erlebt und verinnerlicht: „In der Gruppe bin ich schwach." Personen mit einem kleinen „Gruppen-Ego" müssen aber nicht zwangsläufig in Einzelgesprächen ein kleines Ego haben.

99. Was kann ich tun, wenn mich andere wegen meiner Figur aufziehen?

Wenn Sie glauben, Sie seien zu dick, zu dünn, zu groß, zu klein, dann gibt es einen ausgezeichneten Trick: Legen Sie sich einen guten Spruch zurecht.

Mich zum Beispiel hat man früher gern wegen meiner Größe aufgezogen (ich bin 1,53 Meter kurz). Wenn jemand einen verletzenden Witz machte, sage ich: „Tja manche Leute wachsen hier (auf meine Beine deutend), machen wachsen hier (an den Kopf tippend), und es soll wenige geben, die an beiden Stellen wachsen.“

In dem Maß, in dem ich innerlich mit Angriffen fertig geworden bin, haben solche Angriffe abgenommen. In den letzten zehn Jahren gab es gar keine dummen Bemerkungen mehr.

Falls Sie eine Person kennen, die Sie **regelmäßig** mit derselben Art von Attacke nervt, gibt es einen rhetorischen Trick als Gegenstrategie: Schauen Sie Ihrem Gegenüber fest in die Augen (das ist wichtig) und sagen Sie: „Das ist **Ihr** Problem!“ Möglicherweise sagt er dann: „Ja, aber **Sie** sind doch zu dick.“ Sie: „Ja, aber es regt **Sie** auf.“ Jetzt spricht er vielleicht über Ihre Gesundheit… Egal, was er sagt – Sie sagen (wie eine Schallplatte mit Sprung): „Das ist **Ihr** Problem.“ Mit diesem Trick können Sie jeden auf Grund laufen lassen. Aber bedenken Sie bitte: Das ist eine Notwehrmaßnahme gegen einen scheinbar übermächtigen

„Gegner“ – denn diese Strategie stellt keinen positiven Kommunikationsansatz dar, der die Beziehung verbessern könnte.

100. Ich vergesse alles so leicht, habe ein Gedächtnis wie ein Sieb!

Erstens: Wer meint, er habe ein schlechtes Gedächtnis, irrt sich. Angenommen, Sie könnten all Ihre Erinnerungen in einen Roboter übertragen – wo wäre jetzt Ihre Persönlichkeit? Sie wäre mit übertragen worden, befände sich jetzt in dem Roboter. Denn Gedächtnis ist das, was die Persönlichkeit formt. Das heißt: Das, was Sie als „Ich“ bezeichnen, ist genaugenommen die Summe all Ihrer Erinnerungen. Denken Sie an Alzheimer: Wenn die Menge der Gedächtnisinhalte, die verlorengegangen ist, eine kritische Masse überschreitet, geht die Persönlichkeit verloren.

Zweitens: Wir können uns vor allem die Dinge **nicht** merken, die wir nicht begreifen. Stellen wir uns das, was wir wissen, als großes „Netz“ vor. Jetzt kommt eine neue Information auf Sie „zugeflogen“. Diese Information hat vorn einen kleinen Angelhaken, der sich im Netz verfangen soll. Wenn Sie zu dieser Information schon Fäden im Wissensnetz haben, dann hakt sich die neue Information vollautomtisch ein. Das heißt: Einmal wahrgenommen (gehört oder gelesen) und begriffen = gleich gemerkt!

Wenn Sie erfahren, daß zum Beispiel die Banane zur Familie der Beeren gehört, werden Sie das nicht mehr vergessen, denn Sie kennen sowohl Bananen als auch Beeren (haben diese Fäden also schon im Netz). Erfahren Sie aber etwas über das Rhombenzephalon (Rautenhirn), fliegt die Information an Ihrem Wissensnetz vorbei, und Sie sagen:

„Das kann ich mir nicht merken." Oder: „Ich habe ein Gedächtnis wie ein Sieb." Tatsache aber ist: Sie haben diese Information genaugenommen nicht begriffen.

Drittens: Manche Informationen sind relativ komplex, so daß sie ins Gedächtnis eingespeichert werden müssen. Dies gelingt am besten, wenn das linke Hirn (Sprache, rationales Denken) mit dem rechten Hirn (Bilder, Vorstellungen, Vergleiche) zusammenarbeitet. Die folgende Übung bietet Ihnen ein Training hierzu an:

> Nehmen Sie eine Nachrichtensendung auf Ton-Kassette auf. Hören Sie während der Aufnahme noch nicht zu. Dann spielen Sie sie ab. Stellen Sie sich jetzt jede Information bildlich vor. Drücken Sie zwischendurch immer wieder die Pausetaste, um Zeit zum Üben zu haben. Das machen Sie jeden Tag rund 10 Minuten lang, bis Sie ohne Pausetaste in der Lage sind, bewußte Bilder zu sehen.
> Angenommen, Sie hören die Nachricht: „Außenminister Kinkel ist heute zu einem Treffen nach Stockholm geflogen." Dann stellen Sie sich vor, wie Herr Kinkel in das Flugzeug steigt, wie es (wie ein kleines Spielzeugflugzeug) über die Landkarte fliegt und in Stockholm landet. Angenommen, Sie hören, Herr Kinkel sei nach Addis Abbeba geflogen, dann haben Sie möglicherweise keine Vorstellung davon, wo das Flugzeug landen muß, wie die Landschaft dort aussieht, wie die Menschen dort leben (deren

Kultur, Sprache, Religion). Sie werden am anderen Tag vermutlich sagen: „Herr Kinkel ist nach Dingsda geflogen, ich habe ein Gedächtnis wie ein Sieb!"

Bei unserer Übung lernen Sie zwei Dinge.

Erstens: sich Vorstellungen von Dingen zu machen, die Sie verstehen können, und **zweitens:** festzustellen, wann Sie keine Vorstellungen haben und demzufolge nicht (in unserem Sinne) „verstehen". Sie werden feststellen, daß zirka 80 Prozent der Informationen im Alltag, von denen wir behaupten, wir hätten sie vergessen, Informationen sind, die wir gar nicht begriffen hatten. Um bei unserem Beispiel zu bleiben: Es gab keinen Faden im Wissensnetz, an dem sich der Angelhaken mit der Information (Addis Abbeba) festhaken konnte. Wenn Sie neue „Fäden" weben wollen, können Sie zum Beispiel in einer guten Enzyklopädie nachschlagen (neuerdings mit PC und CD-ROM sehr einfach).

101. Wie kann ich einen Menschen dazu bringen, sein Verhalten zu ändern?

Eines der Grundprobleme zwischenmenschlichen Verhaltens besteht darin, daß zu viele Leute zu viele Menschen dazu bringen wollen, etwas **so** zu tun, wie sie es möchten. Deswegen schlage ich vor, daß Sie sich immer, wenn Sie das Verhalten einer Person verändern wollen, folgende zwei Fragen stellen:

1. Warum möchte ich, daß der Mensch sein Verhalten ändert? Antworten wie „Ich will ihm ja nur helfen" gelten nicht. Denn dahinter steht in der Regel ein persönliches Motiv (z.B. hilfsbereit oder gescheit zu **wirken**). Um Mißverständnisse zu vermeiden: Es geht nicht darum, Hilfsbereitschaft als solche zu hinterfragen, sondern „Hilfsbereitschaft", die **fordert**, daß jemand sein Verhalten ändert.

2. Welchen Vorteil hat **dieser Mensch** davon, wenn er sein Verhalten in der von mir gewünschten Weise ändert? Wenn Sie darauf eine gute Antwort haben, dann haben Sie bereits die Argumentation, mit der Sie ihn motivieren können.

Können Sie hingegen eine oder beide Frage(n) nicht sauber beantworten, dann sollten Sie **sich** fragen, **warum** Sie Ihren Willen unbedingt durchsetzen wollen.

102. Ich nehme mir immer viel vor, tue es dann aber nicht. Woran liegt das?

Es kann sein, daß Ihr Unterbewußtsein Ihnen hier eine Botschaft sendet. Angenommen, Sie glauben, Sie würden gern joggen (weil es gesund ist oder Sie vielleicht abnehmen wollen); das ist wie eine Androhung in Ihrem Kopf, wenn das Joggen Ihrer Persönlichkeit oder Ihrer Konstitution gar nicht entspricht. Möglicherweise haben Sie schwache Knöchel und würden sich verletzen, dann ist es ausgezeichnet, daß Sie **nicht** joggen. Ihr Körper weiß das, aber Ihr Geist sagt etwas anderes. Deshalb schaufeln Sie sich mit möglichst vielen anderen Dingen zu, damit Sie „leider, Gott sei Dank" nicht joggen müssen.

Fragen Sie sich also, warum Sie **glauben**, etwas machen zu wollen. Sie werden oft feststellen, daß Sie das gar nicht brauchen. Daß Sie im Fall des Joggens mit ein bißchen Walking (schnelles Gehen), Aerobic oder Schwimmen viel besser bedient wären.

103. Wie kann ich verhindern, daß ich stocksauer werde, wenn ich warten muß? (z.B. an der Kasse im Supermarkt)

Abgesehen davon, daß es inzwischen erste Geschäftsführer gibt, die begriffen haben, daß Warteschlangen vermeidbar sind, bestimmen Sie selbst die **Qualität** Ihrer Wartezeit. Ob Sie sich ärgern oder diese Zeiten positiv nutzen, liegt allein an Ihnen. Darf ich Ihnen einige Möglichkeiten vorstellen (die vielleicht weitere Ideen in Ihnen auslösen werden)?

1. **Lesen:** Wenn Sie eine Zeitschrift in Ihrem Einkaufswagen liegen haben, warum blättern Sie nicht darin? Oder: Es gibt eine Reihe von Mini-Büchlein (ca. halbe Postkartengröße) mit Kurzgeschichten. Wenn Sie sowieso zuwenig Zeit für „Literatur" haben, können Sie Wartezeiten gut nützen. Übrigens gibt es solche Mini-Büchlein auch mit Fachwissen (s. letzter Punkt).

2. **Hören:** Mit Walkman und Mini-Kopfhörern kann man solche Zeiten hervorragend nutzen, um gesprochene Kassetten zu hören. Ob Literatur oder Fachwissen – es gibt inzwischen Hunderte von Hörbüchern auf dem Markt.

3. **Denken:** Es mag Ihnen komisch vorkommen, aber wie oft brechen irgendwelche Gedankengänge ab, weil wir „jetzt" gerade keine Zeit dafür haben? Schreiben Sie sich hierzu ein Stichwort auf ein Kärtchen und stecken

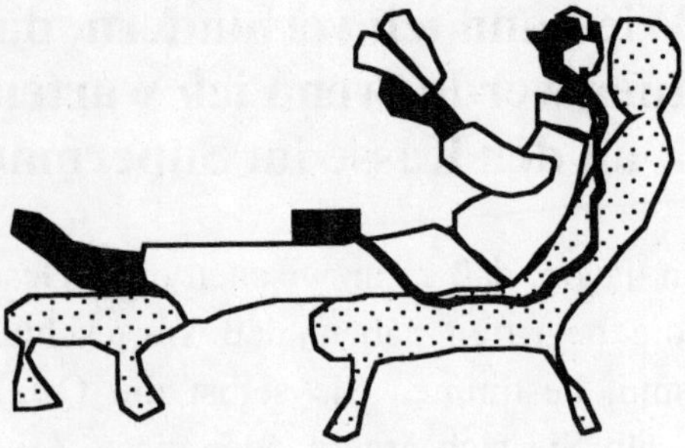

es in die Tasche – immer wenn Sie warten müssen, haben Sie ja einige Minuten Zeit.

4. **Lernen:** Wenn es irgend etwas gibt, was Sie gerne lernen möchten, dann sind gerade relativ kurze Zeiten (von einigen Minuten) hervorragend geeignet, sich jeweils einige wenige Informationen in aller Ruhe einzuprägen. Tip: Immer ein Mini-Buch oder einige Wissenskärtchen (z.B. kleine Karteikärtchen) in der Tasche haben und in solchen Zeiten a) jeweils **eine** Information lesen und b) darüber nachdenken. Beispiel: Sie interessieren sich für Ernährung und möchten gerne wissen (lernen), welche Nahrungsmittel in welche Kategorie (z.B. Kohlehydrate oder Proteine) gehören. Wenn Sie jeweils intensiv über wenige Nahrungsmittel nachdenken und sich diese bildlich vorstellen, werden Sie die ganze Liste bald beherrschen.

104. Wie unterdrücke ich Tränenausbrüche, wenn andere dabei sind?

Es gibt Tränen, die niemand in Frage stellen sollte, zum Beispiel bei einem Todesfall. Die andere Art von Tränen deutet jedoch darauf hin, daß Sie im normalen Alltag zu dicht „am Wasser" gebaut haben. Meist handelt es sich dabei um eine Aktivität des „inneren Kindes"; allerdings gibt es zwei mögliche Erklärungsversuche:

Erstens: Tränen können eine „Kampfstrategie des Kindes" in uns sein. Es verunsichert damit andere, lenkt von der Sache ab oder will Mitleid erheischen. Diese Strategie hat sich früher möglicherweise bewährt, ist aber für einen Erwachsenen nicht mehr günstig. Wer mag Menschen, in deren Gegenwart man sich unwohl fühlt? Fragen Sie sich, ob Ihre Tendenz zu weinen eine solche Strategie sein **könnte**. Wenn jemand dieses Verhalten nämlich als Strategie erkennt, kann er es stoppen. Beim nächstenmal, wenn er die Tränen „aufsteigen" fühlt, fragt er sich: „Will ich dem Mitleid heischenden ‚Kind' in mir so viel Macht geben?" Nun verschwindet der Impuls so plötzlich, wie er aufgetaucht ist.

Zweitens: Möglicherweise mußte Ihr „kleines Ich" viele Verletzungen erleben, so daß es sich oft hilflos fühlt. In diesem Fall ist Weinen eine Verteidigungsstrategie (während es im ersten Fall eine Kampfstrategie darstellt). Im zweiten Fall möchte ich Ihnen Maßnahmen vorschlagen, die Ihr Selbstwertgefühl stärken:

Machen Sie sich klar, daß man Ihnen zu oft mitgeteilt hat, Sie seien nicht okay, und daß Sie die Meinungen dieser Menschen akzeptiert haben. Das heißt, daß Sie sich mit der „Definition verwechseln, die andere Ihnen gegeben haben“ (nach Allan W. Watts). Fragen Sie einige Menschen Ihres Vertrauens, wie **diese** Sie sehen. Sie werden erstaunt feststellen, daß sie die Urteile aus Ihren Kindertagen nicht teilen. Im übrigen gibt es zu diesem Thema eine Reihe hervorragender Bücher, auch manche Volkshochschulen bieten gute Kurse an.

Ein Trick, der Ihnen in der **Zwischenzeit** helfen kann, steht unter dem Stichwort „Erröten“.

Weitere Gedanken zur selben Thematik finden Sie unter „Trauer“ (S. 170).

105. Wie bestehe ich im Wettbewerb?

Das materielle Industriezeitalter war geprägt von Produktion, Wettbewerb und Kampf. Wir leben jedoch im postindustriellen Zeitalter, jetzt zählen Information, Kommunikation und Service. Der beste Wettbewerbsgedanke heute heißt: Kümmern Sie sich nicht darum, was Ihr Mitbewerber (egal, ob eine Firma oder ein Kollege) macht. Kümmern Sie sich nur darum, wie Sie in **Ihrem** Bereich Ihre „Kunden" (auch Ihr Chef ist Ihr „Kunde") glücklich machen können. Dann sind Sie automatisch besser als andere.

Denken Sie an einen Läufer bei der Olympiade. Wenn er sich ständig umgucken würde, wo die anderen sind, würde er wertvolle Energien vergeuden. Der Läufer schaut nach vorn und konzentriert seine ganze Energie darauf, daß er die Ziellinie erreicht. Die Läufer wissen oft gar nicht, ob sie erster, zweiter oder dritter sind, wenn sie durchs Ziel laufen.

Wir sollten vor allem im Wettbewerb mit uns selbst stehen, mit der gestrigen Leistung, die wir natürlich jeden Tag minimal verbessern können. Wenn wir so vorgehen, haben wir das gute Gefühl, unser Bestes getan zu haben.

106. Ist Willensstärke angeboren, oder kann man sie trainieren?

Nach Emile Coué, einem der „Großväter" des positiven Denkens, sollten wir unterscheiden zwischen **Wille** und **Vorstellung**. Der Wille entspricht der (sprachlichen) Formulierung dessen, was Sie vorhaben, während die Vorstellung etwas ist, das Sie vor Ihr geistiges Auge hinstellen, um es zu betrachten. Emile Coué weist darauf hin, daß erfolgreiche Menschen eine starke Vorstellungskraft besitzen (diese ist trainierbar). Solange der Wille und die Vorstellung an einem Strang ziehen, werden Sie Ihr Ziel erreichen. Gibt es jedoch einen Konflikt zwischen beiden, siegt immer die Vorstellung. Deshalb ist es im Zweifelsfall wichtiger, die **Vorstellungskraft** zu **trainieren** als den sogenannten Willen.

Beispiel 1: Sie liegen im Bett und denken: „Verdammt noch mal, ich **will** einschlafen!" Dieser „Wille" nützt Ihnen gar nichts, solange Sie die **Vorstellung** hegen, daß Sie sich schlaflos wälzen werden.

Beispiel 2: Die nervöse Prüfungsangst. Ihr „Wille" lautet: „Ich will die Prüfung bestehen." Da aber die Angst die Vorstellung auslöst, die Fragen nicht beantworten zu können, werden Sie diese Vorstellungen auch wahrmachen, und zwar mit großem Erfolg (Sie werden also „erfolgreich" in der Prüfung versagen).

Sorgen Sie in Zukunft dafür, daß Sie die **richtigen** Bilder (Vorstellungen) aufbauen, denn der „innere Schweinehund" wird immer durch den Konflikt zwischen Ihrer Formulierung (dem Willen) und Ihrer Vorstellung ausgelöst.

107. Ich erlebe regelmäßig große Wut, weil die Menschen sich so unfair verhalten, gleichzeitig habe ich es satt, immer die selben Dinge zu erklären. Gibt es einen Gedanken, der aus diesem Teufelskreis herausführen könnte?

Während ein Fluchttyp sich beleidigt zurückzieht und seinen Ärger „in sich hineinfrißt", reagieren Sie kämpferisch (dann „müssen" Sie leider häufig meckern oder andere angreifen).

Ärger über die Welt setzt eine Annahme voraus, nämlich daß wir von dieser Welt „da draußen" getrennt sind. Wir nehmen die Welt (inkl. aller Mitmenschen) dann als „das Andere", das uns ge- oder mißfallen kann, wahr. Diese Sicht der Dinge ist uns genauso vertraut wie dem Vogel seine Umwelt. Haben Sie schon einmal einen Wellensittich vor einem Spiegel beobachtet? Da er nicht begreift, daß er sich selbst sieht, sucht er den Artgenossen, und dieses Spielchen amüsiert uns als Betrachter.

Nun lautet eine der wichtigsten Ideen der Esoterik: Die Welt ist unser Spiegel. Weil wir das aber genauso wenig begreifen wie der Wellensittich, benehmen wir uns ähnlich wie dieser. Als Fluchttyp ziehen wir uns zurück, als Kampftyp bekämpfen wir diese Welt „da draußen". Wir kämpfen gegen Menschen, die ihre eigenen Belange höher einschätzen als unsere. Wir kämpfen gegen unsere Vorgesetzten, die regelmäßig auf unseren Fehlern herumhacken und viel zu selten loben. Wie kämpfen gegen die Gesellschaft. Schließlich glauben wir, ein Recht darauf zu haben, sauer zu werden, wenn nicht alles nach unserem Kopf geht. In Wirklichkeit (sagt die Esoterik) bekämpfen wir immer uns selbst.

Wenn Herr A. sich über einen Geizhals aufregt, dann bekämpft er in diesem seinen eigenen Hang zur übertriebenen „Sparsamkeit“ – sonst würde er das Verhalten des Mitmenschen überhaupt nicht negativ bewerten! Würde ein großzügiger Mensch dem Geizigen nicht gerne geben, was der ihm so (hinter-)listig „abzuringen“ versucht? Oder wenn jemand sich aufregt, daß niemand ihm zuhört, dann doch nur, weil er laufend selber reden will. (Den großen Schweiger könnte das nicht stören, im Gegenteil!) Wenn unser Vielredner andere Menschen nur halb so wichtig einschätzen würde wie sich selbst, dann könnte er es ihnen nicht verübeln, wenn sie sich genauso benehmen wie er.

Wenn wir lernen könnten, die Welt nicht als Gegner zu sehen, sondern als Spiegel, dann müßten wir Verantwortung übernehmen. Das gilt im politischen oder beruflichen Alltag genauso wie im Privatleben jedes einzelnen Menschen. Aber wir leben in einer Kinderkultur, die immer erwartet, daß andere etwas für uns tun (erst die Eltern, später „Vater Staat“).

So haben wir im Laufe der letzten Jahrzehnte immer mehr Verantwortung für unser Leben „delegiert“. Wir hegen bestimmte Erwartungen (z.B. an das soziale Netz), was zu Enttäuschungen führt (Ent-Täuschung = die Täuschung hört auf), und wir fordern von der Mitwelt, daß sie sich gemäß unseren Vorstellungen zu verhalten habe. Wenn sie es nicht tut, kämpfen wir!

Wenn aber Herr X. heute großartig für den Frieden kämpft (man beachte die sprachliche Formulierung!), dann möchte er im Spiegel eine andere Wirklichkeit erschaffen als die, die in ihm lebt! Thorwald Dethlefsen bringt diesen Prozeß (in *Ödipus der Rätsellöser*) auf den Punkt: „Der Mensch braucht nur sich selbst zu ändern, und … die ganze Welt verändert sich mit ihm. Wenn ich im Spiegel das unfreundliche Gesicht sehe, brauche ich nur zu lächeln – und es wird zurücklächeln, mit Sicherheit!"

Weitere Gedanken zur selben Thematik finden Sie unter „Ärger" (S. 13), „Erwartungen" (S. 58), „Feind" (S. 64) und „Relativieren" (S. 146).

108. Wie kann ich mir Zahlen besser merken?

Wie der Gedächtnistrainer Gregor Staub in seinem Kassettenseminar *Megamemory* zeigt, kann man sich zu Ziffern und Zahlen Bilder machen, welche dann leicht gemerkt beziehungsweise mit zu lernenden Informationen verbunden werden können. Ich stelle Ihnen hier die ersten 10 Zahlen dieser Liste vor:

0: Rettungsring
1: Baum
2: Lichtschalter („ein", „aus")
3: dreibeiniger Hocker.
4: Auto (weil es 4 Räder hat)
5: Hand (5 Finger)
6: Würfel (wegen der 6)
7: Zwerg (7 Zwerge!)
8: Achterbahn.
9: Katze (9 Leben)
10: Bibel (10 Gebote)

Angenommen, Ihre **Kreditkarten-Geheimnummer** ist 12347, dann können Sie sich jetzt folgendes Bild machen: Ein Baum (1), in dessen Mitte ein riesengroßer Schalter (2) eingelassen ist. Der dreibeinige Schemel (3) fliegt durch die Luft und trifft ein Auto (4), dessen Dach er ramponiert. Die sieben Zwerge (7) kommen, gucken und lachen. Nun haben Sie sich die Zahl garantiert gemerkt, übrigens auch in der richtigen Reihenfolge. Diese Technik eignet sich für sämtliche Zahlen-Kombinationen (von Pin-Nummern bis Telefon-Nummern).

109. Ich kann nicht zeichnen. Gibt es einen Weg, es doch noch zu lernen?

Machen Sie folgenden kleinen Test, ehe Sie weiterlesen:

Zeichnen Sie

- ein Quadrat,
- ein Dreieck,
- einen Kreis,
- ein Oval und
- mehrere geschwungene Linien.

Wer denkt, er könne nicht zeichnen, ist einem Denkfehler aufgesessen, den er durch selbsterfüllende Prophezeiung für den Rest seines Lebens wahrmachen wird: Der Denkfehler besteht darin, daß man annimmt, man könnte die Linien nicht so aufs Papier setzen, wie sie einem nach Ansehen einer Vorlage (Modell) vorschweben.

Sicherlich haben auch Sie das bisher angenommen. Wenn diese Annahme richtig wäre, dann könnten Sie allerdings nicht schreiben, denn wenn Sie schreiben, setzen Sie die Linien so aufs Papier, wie sie Ihnen vorschweben: waagerecht, senkrecht, eckig, rund usw.

Davon konnten Sie sich vorhin überzeugen, wenn Sie bei dem kleinen Experiment mitgemacht haben. Das Problem besteht also **nicht** im Setzen der Linien. Das Problem liegt in der Wahrnehmung. Üben Sie also weiter, und suchen

Sie sich ein Bild, das Sie abzeichnen möchten. Beginnen Sie mit einfachen Vorlagen (z.B. aus Malbüchern für Kinder), und analysieren Sie die Zeichnung: Schärfen Sie Ihre Wahrnehmung. Stellen Sie beim Betrachten der Linien fest, wie sie verlaufen. Z. B.: „Diese Linie ist fast gerade, dies ist eine gewellte Linie, dieser Teil der Zeichnung ähnelt einem Quadrat, Rechteck, Kreis usw." Indem Sie lernen, die einfachen Grundformen zu erkennen, können Sie diese auch zeichnen.

Es gibt ein wunderbares Buch, das ich Ihnen in diesem Zusammenhang empfehlen möchte, weil es den Prozeß sehr klar aufzeigt. Es heißt: *Mit Kindern zeichnen lernen*.

110. Meine Kollegen stehlen mir meine Zeit. Was kann ich tun?

Ich kann Ihnen zwar (ganz allein) Ihr Auto stehlen, aber ich kann Ihnen niemals Ihre Zeit stehlen, wenn Sie mir nicht als Komplize helfen.

Wie Sie ein Gespräch oder Telefonat eröffnen, so läuft es auch. Wenn Sie fragen: „Na, wie geht's denn so?", dann dürfen Sie sich nicht wundern, wenn Ihnen der Mensch jetzt seine Lebensgeschichte erzählt. Sie haben ihn ja dazu eingeladen. Wenn Sie aber jemanden anrufen und sagen: „Herr (oder Frau) Soundso, haben Sie zwei Minuten Zeit, um mir eine Frage zu beantworten?", dann setzen Sie ein ganz klares Signal. Und sind doch höflich.

Viel unhöflicher ist es nämlich, wenn Sie fragen: „Wie geht's denn so?" und Ihren Gesprächspartner dann abwürgen, wenn er Ihre Einladung annimmt und Ihnen erzählen will, wie es ihm geht.

111. Ich gerate ständig unter selbst – verursachten Zeitdruck, woran liegt das?

Ihre Formulierung deutet an, daß Sie selbst diesen Zeitdruck verursachen. Sie müssen herausfinden, **warum** Sie das tun! Wenn Sie solche Situationen aus der Vergangenheit Revue passieren lassen, werden Sie feststellen, daß die „Hinausschieberitis“ um so wahrscheinlicher ist, je unangenehmer Ihnen eine Sache ist. Deshalb rate ich Ihnen zur **Flucht nach vorne**. Setzen Sie sich sofort mit dieser Sache auseinander, und zwar in folgender Art und Weise: Fragen Sie sich: „Muß ich diese Sache tatsächlich **unbedingt** tun?“

Manchmal werden Sie feststellen, daß Sie die Angelegenheit auf die lange Bank geschoben haben, weil sie genaugenommen gar nicht wichtig ist, oder Sie stellen fest, daß Sie die Sache abbiegen können, indem Sie dem Auftraggeber in einem kurzen Gespräch klarmachen, daß Sie nicht die geeignete Person dafür sind. Wenn Sie die Sache aber doch selber angehen müssen, fragen Sie sich:

1. Wovor habe ich Angst?
2. Was stört mich?
3. Was genau löst den Streß aus?

Beantworten Sie **jede** Frage einzeln. So kommen Sie dahinter, welche Situation Sie besonders ängstigt. Wenn Sie zum Beispiel feststellen, daß Sie die Aufgabe deshalb verzögert haben, weil sie nicht konkret genug umrissen war, können Sie den Auftraggeber anrufen und sagen: „Vielleicht habe ich nicht gut genug aufgepaßt, aber mir ist nicht ganz klar, was ich eigentlich tun soll." Je konkreter Sie die drei Fragen beantworten können, desto schneller kommen Sie weiter.

112. Ich arbeite viel und gern, aber Freunde kommen zu kurz. Muß ich das ändern?

Sie **müssen** gar nichts. Die Frage ist: **Können** Sie es ändern, wenn Sie **wollen**? Lassen Sie sich von niemandem einreden, Sie seien unfähig, Ihre Zeit richtig einzuteilen – solange Sie das, was Sie tun, gern tun. Das wiederum hat mit Ihren Werten und Prioritäten zu tun.

Nehmen Sie das Beispiel eines 50jährigen Workaholic, für den es scheinbar nichts Wichtigeres gibt als die Arbeit. Dann lernt er eine 20jährige kennen und beginnt eine Affäre. Was meinen Sie, wie er plötzlich delegieren kann?! Es ist immer eine Frage der Prioritäten.

Angenommen, Ihre Freunde werfen Ihnen vor, daß Sie die letzten Male Verabredungen abgesagt haben. Das bedeutet in Ihrem Fall: Sie haben die Anwesenheit der Freunde **nicht so hoch** eingeschätzt wie die Alternative, die Sie vorgezogen haben.

Der US-Erfolgsautor Robert Ringer spricht in diesem Zusammenhang von einer „Wert-zu-Wert-Beziehung". Leute, die behaupten, keinen Wert aus einer Beziehung ziehen zu wollen, präsentieren ihre Rechnung immer! Und zwar zu einem völlig überraschenden Zeitpunkt. Und sie ist immer höher als gedacht.

Im Klartext: Wenn Sie in Ihrem persönlichen Umfeld Bekannte haben, mit denen Sie sich verabreden, weil Sie denken, Sie **müßten** – dann treffen Sie eine bewußte Entscheidung. Im Zweifelsfall: Beenden Sie die Beziehung! Solche Treffen, die man als Opfer erleidet, vergeuden wertvolle Energie und Zeit. Stecken Sie diese Zeit **lieber in andere zwischenmenschliche Beziehungen**, die Ihnen wirklich wichtig sind. Und: Erleiden Sie kein schlechtes Gewissen! Denn die anderen merken ja **doch**, daß Sie nicht gern mit ihnen zusammen sind, und können solche Abende auch nicht wirklich genießen.

113. Warum machen manche Menschen alles auf den letzten Drücker?

Es gibt gewisse genetische Prägungen. Angenommen, Sie sind ein Typ, der am besten unter Druck arbeiten kann, aber Ihre Eltern waren anders „gepolt“, werden sie Ihnen wahrscheinlich gesagt haben: „Mach die Schularbeiten nicht immer auf den letzten Drücker…“

Auch umgekehrt ist es möglich. **Sie** wissen, Sie arbeiten optimal unter Druck. Hier besteht die Gefahr, daß Sie Mitmenschen verunsichern könnten, die unter Druck **nicht** klar denken können. Merke: Wer sich seiner Art gemäß entfaltet, sollte auch anderen erlauben, ihrer Art entsprechend erfolgreich zu sein. Wäre doch langweilig, wenn wir alle identisch veranlagt wären, oder?

114. Wie finde ich eigene Ziele?

Von Napoleon berichtet man: Er soll von einem seiner Generäle dumm angeredet worden sein. Dieser warf Napoleon vor, er wirke reichlich arrogant. Daraufhin soll der damals 19jährige Napoleon an die Öffnung seines Zelts getreten sein und gesagt haben: „Mein General, was sehen Sie da draußen?" Der General schaute nach draußen, es war ein regnerischer Tag, und sagte: „Was soll ich sehen. Wolken, natürlich!" Daraufhin Napoleon: „Mein General, **hinter** den Wolken steht **mein** Stern, und ich weiß **immer**, daß er da ist.

Und wo steht **Ihr** Stern? Haben Sie große klare Ziele im Leben? Haben Sie wichtige Prioritäten, die Sie dorthin führen?

Versuchen Sie folgende Übung: Verfassen Sie Ihren eigenen Nachruf! Fragen Sie sich: Was sollen die Leute über mich erzählen? Vielleicht möchten Sie, daß sie sagen: „Er hat in schwierigen Situationen immer die Ruhe bewahrt." Eine Mutter möchte vielleicht, daß im Nachruf steht: „Sie hat ihre Kinder selbst in schwierigen Situationen mit Liebe behandelt." Wenn ich ein leistungsorientierter Mensch bin, möchte ich vielleicht, daß man über mich sagt: „Er/sie war der/die beste Verkäufer/Verkäuferin, den/die die Firma je hatte." Im Licht dieser übergeordneten Ziele wirkt vieles anders, was uns täglich an kleinen und großen Ärgernissen widerfährt. Nun ein kleines Experiment:

Versetzen Sie sich in die **Zukunft**, und stellen Sie sich vor, wie Sie in der Zielsituation „angekommen“ sind, dann fragen Sie sich:

1. Warum wollte ich hierher?

2. Was habe ich davon, daß ich jetzt hier angekommen bin?

3. Hat sich der Aufwand gelohnt?

Es gibt auch eine Möglichkeit, aus der **Gegenwart** heraus neue Ziele zu finden. Sie brauchen sich nur umzuschauen und zu fragen: Was will ich wirklich? Fragen Sie sich – beim Lesen eines Romans, beim Fernsehen oder im Kino –, welche der dargestellten Persönlichkeiten **Vorbildcharakter** für Sie haben könnte, welche Eigenschaften oder Handlungen dieser Person Ihnen gefallen und welche Zielvorstellungen sich daraus für Ihr Leben ableiten lassen.

Denken Sie an Menschen, mit denen Sie täglich zu tun haben, beruflich wie privat. Fragen Sie sich regelmäßig, welche Personen Ihnen besonders gefallen, und forschen Sie nach dem Grund. Auch so werden Sie auf neue Ziele stoßen.

Vier wichtige Schritte zum Ziel

1. Schreiben Sie Ihr Ziel auf. Das ist ein **Muß**!

2. Formulieren Sie Ihr Ziel so präzise wie möglich. „Ich will reich werden“ ist Wischiwaschi. Schreiben Sie die Summe auf, von der Sie träumen.

3. Formulieren Sie positiv! Negative Kommandos verstärken das negativ formulierte Ziel! Statt „Ich trinke keinen Alkohol“ sagen Sie zum Beispiel: „Ich trinke viel Mineralwasser.“

4. Machen Sie sich ein klares Bild von Ihrem Ziel. Malen Sie es sich aus. Über Ihre Vorstellung programmieren Sie Ihr Unterbewußtsein. Dieses Training schafft den Glauben an das Ziel. Was Sie ab heute glauben, wird Ihre persönliche Zukunft bestimmen!

115. Wie hören andere mir besser zu?

Fragen Sie sich, wie gut Sie selbst zuhören. Die Beschwerde, andere würden nicht zuhören, kommt interessanterweise oft von Vielrednern.

Erstens: Nehmen Sie in die nächste Diskussion einen Timer (einen Zeitmesser) mit, messen Sie die Wortbeiträge (eigene und die der anderen), und vergleichen Sie. Vielleicht werden Sie erschreckt sein, wenn Sie merken, daß Sie selbst das Gespräch „monopolisiert" haben und daß die anderen Sie wiederholt unterbrechen mußten, um selbst zu Wort zu kommen.

Zweitens: Wenden Sie die Fragetechnik an. Stellen Sie Fragen, die andere zum Denken bringen, dann werden sie neugierig und von Ihnen mehr hören wollen. Auf diese Weise schließen Sie von vornherein aus, daß Sie lang und breit etwas erklären, was andere vielleicht schon wissen.

Anhang

Angst

Vorbemerkung

Da viele Fragen meiner LeserInnen und Seminarteilnehmerinnen sich auf Gefühle von Angst, Unsicherheit u.ä. beziehen (vgl. auch die Stichworte Ärger, Nr. 1, Redeangst, Nr. 79, und Wut, Nr. 107, in diesem Büchlein), möchte ich Ihnen hier einige grundsätzliche Gedanken zu diesem wichtigen Thema anbieten.

Das wichtigste Charakteristikum der Angst ist: Sie blockiert! Sie blockiert sowohl unseren *Energiefluß* als auch unsere Möglichkeiten, uns zu *entwickeln!* Je standhafter wir uns weigern, darüber nachzudenken, desto gefährlicher wird sie, weil sie unser physiologisches wie seelisches Überleben bedroht.

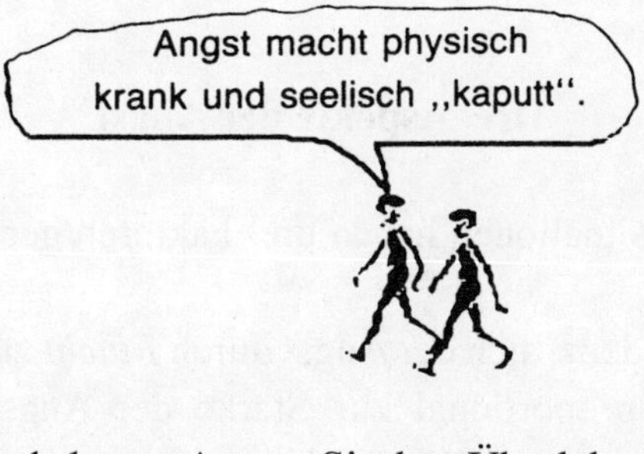

Jeder Mensch kennt Angst. Sie hat Überlebenswert. Ein Leben ganz ohne Furcht wäre genauso gefährlich wie ein

Leben ohne die Fähigkeit, Schmerz zu empfinden. Denn Furcht ist eine lebenswichtige Streßreaktion, die uns veranlassen soll, etwas zu unternehmen. So gesehen ist *Furcht* zunächst *positiv.*

Negativ wird sie erst, wenn wir beginnen, uns vor Dingen, Tieren, Situationen oder Menschen zu fürchten, die uns *nicht wirklich* gefährden (können oder wollen). Jetzt reagieren wir physiologisch und psychologisch *so, als ob* wir uns tatsächlich in Gefahr befänden: Unser Blutdruck erhöht sich, Streßhormone überfluten unser System, autonome Vorgänge (z.B. Atmung, Verdauung) geraten ins Stocken etc.

Nun sind zum Thema Angst und Furcht ganze Bibliotheken vollgeschrieben worden; dieser Artikel will das Thema nur „anreißen“. Allerdings mögchte ich Ihnen einige Denkansätze vorstellen, die Ihr gesamtes Leben verändern könnten bzw. das Leben von Menschen (die Sie kennen), die unter Angst leiden, wenn Sie ihnen helfen wollen.

Drei Aspekte der Angst

Alle Angstsituationen haben drei Faktoren gemeinsam:

1. Die Tendenz, sich der Angst durch *Flucht* zu entziehen, wächst proportional zur Stärke der Angst! Wohlgemerkt, wir sagen, die Tendenz, *der Angst zu entfliehen,* wächst, nicht aber unbedingt (auch) die Tendenz, *dem*

Objekt der Angst zu entfliehen. Hierin liegt ein gewaltiger Unterschied, denn Angstsituationen werden häufig mit Kampfmaßnahmen beantwortet. (Wir kommen noch darauf zurück.)

2. Wenn Kampfmaßnahmen als *Strategie* eingesetzt werden, scheint der Betroffene ja nicht an Angst zu leiden, sondern an *Zorn!* Dieser wird sehr häufig als „gerechter Zorn" oder als „berechtigter Ärger" empfunden. Aber dadurch wird es besonders schwierig, die Angst *hinter* dem Zorn aufzuspüren.

3. Angst ist immer *Angst vor Verlust!*

Wenn wir sinnvoll über unsere Angst nachdenken wollen, müssen wir zuerst die einzelne(n) Angst bzw. Ängste identifizieren. Danach erst können die nachfolgenden Überlegungen „greifen". Aber zuerst zu unserem Impuls, der Angst zu entfliehen.

1. Flucht vor der Angst

Sie erinnern sich, daß wir zwischen der *Angst* selbst und dem *Objekt der Angst* unterscheiden müssen. Einige Beispiele sollen dies zeigen:

a) *Herr Krokodil* fürchtet Unsicherheiten jeder Art. Er will immer alles hundertprozentig im Griff haben; er will immer *vorher* ganz genau wissen, was auf ihn zukommen wird, damit er sich darauf einstellen kann.

Und da sein Reptiliengehirn in Streßsituationen im Zweifelsfall „auf Kampf umschaltet“, wird Herr S. immens aggressiv auf seine Mitarbieter: Kommt einer zwei Minuten zu spät zur Montagsbesprechung, dann gibt’s ein „Donnerwetter“. Hat jemand vergessen, ihm mitzuteilen, daß Kunde Schönbier heute nachmittag anrufen wollte, wird der arme Mensch „brutal in die Pfanne gehauen“ (wörtliche Beschreibung eines Betroffenen).

Herr Krokodil reagiert regelmäßig aggressiv, also mit Kampf, wiewohl er der Angst selbst entflieht, indem er nicht darüber nachzudenken wagt! Solange Herr Krokodil aber nicht begreift, daß das eigentliche Problem in *seiner Furcht* liegt, wird sich gar nichts bessern können! Er wird tagtäglich zahllose Streßsituationen erleben „müssen“; er wird seine Mitarbeiter demotivieren, und er wird ständig weiter leiden, solange er vor seiner Furcht flieht! *Das Ende der Flucht hieße für Herrn S., so lange über all die vielen Situationen nachzudenken, bei denen er immer „in die Luft geht“, bis er den gemeinsamen Nenner identifizieren kann (nämlich seine Angst vor dem Unerwarteten).*

b) *Frau Immerjung* fürchtet das Alter. Wäre es möglich, dem Objekt der Angst zu entfliehen, dann würde sie vor dem Alter davonlaufen. Aber das geht ja nicht. Also *flieht sie vor ihrer Furcht,* indem sie sich standhaft weigert, über die Problematik nachzudenken. Sie gibt sich betont jugendlich und sagt regelmäßig mit einem trotzigen Unterton in der Stimme: „Man ist so jung, wie man sich fühlt."

Das Problem liegt natürlich nicht in der Tatsache, daß Frau Immerjung älter wird, sondern darin, daß Frau Immerjung dieses Alter *fürchtet,* während sie vor ebendieser Angst zu fliehen versucht. Dadurch kann das Problem nie gelöst werden. Je älter Frau M. zwangsläufig wird, desto verzweifelter wird sie werden. Die Angst wird sie immer mehr blockieren, und diese Blockaden werden gesundheitlich und/oder seelisch einen immer höheren Tribut fordern…

c) *Herr Selbstgerecht* fürchtet seine eigenen latenten homosexuellen Tendenzen. Wenn er dem Objekt der Angst entfliehen wollte, bräuchte er lediglich das Milieu zu *meiden;* er aber tut genau das Gegenteil: Er bekämpft diejenigen, die offiziell „das tun", was ihm aufgrund seiner Ängst verboten ist.

Ähnliches gilt für Begründer von Anti-Wellen (wie die *Aktion „Saubere Leinwand"* u.ä.): Durch ihren „ach so notwendigen Kampf" erreichen sie erstens, daß sie sich nach innen wie nach außen als Saubermänner/-frauen präsentieren können, denn sie stehen ja voller Selbstgerechtigkeit auf der „richtigen" Seite des Zauns, während sie sich zweitens „leider, leider" ständig mit ihrem Objekt der Angst auseinandersetzen „müssen". (So müssen sie beispielsweise jede Woche einige „schmutzige" Filme ansehen, um zu entscheiden, ob andere Menschen diese Filme auch sehen dürfen.)

Halten wir fest:

Wir müssen lernen, zwischen dem *Objekt der Angst* und der *Angst an sich* zu unterscheiden.

Unabhängig davon, ob wir dem *Objekt der Angst* mit Kampf oder Flucht begegnen, neigt der Mensch dazu, der Angst selbst entfliehen zu wollen. Da dies aber nicht geht, wird die Angst ins Unbewußte „verschoben“, so daß das bewußte Denken von der Angst bald nichts (oder „nichts mehr“) weiß. Dies bedeutet jedoch, daß man *keine Chance* hat, das Problem intelligent denkerisch anzugehen, während man ständig leidet. Also „muß“ sich Herr Krokodil häufig ärgern, während Frau Immerjung es immer schwieriger finden wird, ihre Pseudo-Jugend aufrechtzuerhalten. Und der arme Herr Selbstgerecht „muß“ natürlich immer weiter gegen diese „fiesen Schweine“ kämpfen…

Die Aufrechterhaltung des Leidens bedeutet jedoch, daß wir im Lauf der Zeit die Quittung erhalten: Streßkrankheiten, ein geschwächtes Immunsystem, seelisches Leid etc. Komischerweise ist man eher bereit, über diese Sekundärmerkmale der Angst nachzudenken. So kann eine neue Diät oder ein in der Presse hochgejubeltes Medikament, das die Streß*symptome* verringern soll, durchaus das Interesse der Betroffenen erwecken.

2. Kampfstrategien gegen die Angst

Wenn jemand vor dem Objekt der Angst (z.B. vor großen Hunden) flieht, dann ist es relativ leicht, auf die der Flucht zugrundeliegende Angst zu schließen.

Schwieriger wird es, wenn der Betroffene Kampfstrategien wählt wie Herr Krokodil und Herr Selbstgerecht. Denn nun erlebt der Betroffene ja regelmäßig Gefühle, die (angeblich) mit Angst nichts zu tun haben, nämlich: Wut, Zorn, Ärger, Haß!

Nach den vorangegangenen Gedanken dürfte Sie die folgende Aussage nicht verwundern:

Hinter Ärger und Zorn liegt immer eine Angst!

Ich bin überzeugt davon – wiewohl es natürlich Ihr gutes Recht ist, diese Behauptung abzulehnen. Aber vielleicht möchten Sie die folgenden vier Thesen doch einmal (zumindest theoretisch) nachvollziehen:

1. Furcht hat *Überlebenswert,* weil sie uns veranlaßt, einer potentiell gefährlichen Situation zu entfliehen (bzw. sie zu meistern).

2. Zorn und seine Verwandten (Wut, Ärger, Ablehnung, Neid, Haß) sind genaugenommen *Sekundärmerkmale der Furcht.* Der Zorn liefert uns nämlich die „Erklärung“, die wir als angeblich rationale Wesen benötigen, wenn wir uns *gegen* etwas/jemanden wenden.

3. Weil *Wutgefühle* in unserer aggressiven Gesellschaft sozial *akzeptabel* sind, während Furcht eher „verboten“ ist (dies gilt nicht nur für Männer!), fürchten wir zwar unsere Ängste, nicht aber unseren Zorn! Deshalb wächst die Bereitschaft zu Alkohol und Drogen gegen Depression (und nicht eingestandene Ängste!), während es noch sehr wenige „Strategien“ gegen die zerstörerische Aggressivität gibt.

4. Zwar fordern wir das Recht auf *Frieden*, aber Frieden muß immer beim einzelnen beginnen. Wer voller Haß und Zorn steckt, mag zwar lauthals für den großen Frieden „demonstrieren“ (vielleicht sogar mit Waffen!), aber solange der innere Frieden nicht zunimmt, ist der äußere Frieden nur eine Pause zwischen Kriegen. Dies gilt besonders im Alltag!

Nur wer es lernt, seine Ängste zu akzeptieren, kann sie auch besiegen.

Und er wird als Nebeneffekt einen echten Beitrag zum Frieden leisten, während er gesünder wird und sich seelisch besser fühlt!

3. Angst vor Verlust

Angst ist – behaupte ich – immer (auch) eine Angst vor Verlust! Nehmen wir das Wort Verlust doch einmal wörtlich: „ver-“ stellt oft eine Verneinung dar (wir in *ver*-lieren, *ver*-lassen, *ver*-recken); also könnte man sagen: Ein

Ver-lust ist es, wenn wir *Lust verlieren.* So gesehen ergibt unsere Schlüssel-Aussage einen Sinn: Angst hat immer mit Lust-Verlust zu tun. Und Lust-Verlust geht automatisch mit Distreß einher. Also stellt Angst vor Verlust zunächst einmal den Versuch dar, Unlust zu vermeiden. Dieser Mechanismus hat Überlebenswert.

Somit ist Angst vor Verlust zunächst sinnvoll; aber weit sinnvoller wäre es, von der negativen *Distreß-Strategie des Verlust-Vermeidens* auf eine positive *Eustreß-Strategie des Lust-Gewinns* umzuschalten. Statt „weniger Unlust" lautet das Ziel dann: „mehr Lust", in anderen Worten: *mehr* Lebensfreude, *höhere* Vitalität, *besseres* Wohlbefinden usw. …

Das ist der Gewinn, *wenn* wir begreifen, welche Aspekte den Verlust darstellen, vor dem unsere jeweilige Angst uns schützen soll. Erinnern wir uns noch einmal an unsere drei Fallbeispiele:

Herr Krokodil fürchtet Unsicherheiten jeder Art. Herr Krokodil fühlt sich wohl, wenn er alles im Griff hat. Er erleidet Streß, wenn Unverhofftes, Unvermutetes, Unerwartetes auftaucht. *Dann* verliert er seine Sicherheit, sein inneres Gleichgewicht. Also leidet er unter der Angst vor Verlust seiner inneren Sicherheit! Je gefährdeter er sich fühlt, dest aggressiver reagiert er dann, der Arme.

Frau Immerjung fürchtet das Alter. Sie fürchtet den Verlust all dessen, was Jugend *für sie* symbolisiert. Sei dies nun die Bewunderung der flirtenden Männer, die neidvollen Blicke anderer Frauen, die Ausdauer der Jugend oder was immer. Je mehr dieser „Pluspunkte" verlustig zu gehen drohen, desto akuter empfindet sie dies als Gefahr!

Herr Selbstgerecht fürchtet seine eigenen latenten homosexuellen Tendenzen. Diese bedrohen sein Selbstbild als „ganzer Mann" oder als „anständiger Kerl", je nachdem, wie er in Kindheit und Jugend programmiert wurde. Er will unbedingt an diesem Bild festhalten, koste es, was es wolle. Und es kostet sehr viel! Einen Großteil seines Lebens opfert er diesem Kampf. Er glaubt, *gegen andere* zu kämpfen, aber in Wirklichkeit bekämpft er das (laut Programm) „Böse" *in sich* selbst.

Merke: Wenn wir Teile unseres Selbst verleugnen, dann beginnen wir alle Menschen zu hassen, in denen wir diese Dinge entdecken, die uns an jene verschollenen Teile aus unseren verleugneten Tiefen erinnern. Hierzu sagt der Psychiater Arno Gruen:

Wir denken nur, wir hassen etwas „da draußen". Dieser Haß mag – wenn er wirklich sehr stark ist – so aussehen, als ob wir berechtigt wären, diese und jene Menschen als Feinde anzusehen, als ob wir diese und jene erobern müßten. Aber im Grunde ist der Versuch, andere zu beherrschen … ein Fehlversuch. Weil man sich selber nicht erobern kann…

Und genau deshalb möchte ich Ihnen eine „sanfte" Strategie gegen diese Angst-, Haß- und Zorngefühle vorschlagen:

Die Angst besiegen…

Es gibt nämlich einen Weg, wie wir unsere *Ängste* buchstäblich *auflösen* können. Dieser sanfte Weg ist optimal, weil Kampf-gegen-etwas-Strategien immer mit innerem oder äußerem Druck einhergehen und weil Druck automatisch Gegendruck erzeugt. Wenn wir die Angst aber *auflösen,* dann zieht sie sich genauso sanft zurück, wie das Wasser einer Pfütze in der Sonne verdampft. Hier ist die Sonne, welche die Angst vertreiben wird:

> Wenn man *das* aufgeben kann, was man zu verlieren fürchtet, dann *verschwindet* die *Furcht.*

Diesen Ansatz finden wir bei *allen* alten Meistern seit Jahrtausenden – von Tibet über die Stoiker der Antike bis zu Baghwan. Allerdings wurde dieser Ansatz bisher mißverstanden. Wenn wir nämlich glauben, die Forderung lautet: Wenn du frei von allen Begierden bist, wird nichts und niemand dich verletzen können – dann scheint die Idee theoretisch gut, aber nicht praktikabel. Die Idee, *alle* Begierden abzuschaffen, hat einen weiteren Haken, denn dann müßten wir ja gleichzeitig auf *alle Freuden* verzichten. Richtig. Deshalb sollten wir die Idee auf einzelne Ängst bezogen aufgreifen; genauer ausgedrückt: auf die *Ziele unserer Angst!* Dieser Ansatz ist realistisch, wie wir gleich sehen werden.

Es folgen drei typische Ängste als Fallbeispiel für diese neue Art, unsere Ängste einzeln aufzugreifen und „durchzudenken“. Dann erkennen wir, wie einfach, aber brillant die Idee ist.

Angst Nr. 1: Verlust von materiellen Gütern

Habe ich Angst, daß man mir meine (Luxus-)Güter rauben könnte, dann muß ich immer wieder *leiden:* Im Urlaub frage ich mich, ob jemand gerade in mein Haus einbricht und meine neue Super-Video-Fernsehanlage raubt; während der Familienfeier im Restaurant muß ich mir (leider, leider!!) Sorgen machen, ob jemand gerade meinen Wagen aufknackt und meine Stereoanlage stiehlt usw.

Antithese: Verzicht auf materiellen Luxus bzw. die Auseinandersetzung mit diesem Gedanken. Wenn ich akzeptiere, daß ich *im Zweifelsfall* meinen Reichtum in meiner *Seele* trage und nicht in einem Koffer, dann kann ich mich einerseits an materiellen Dingen (die ich derzeit noch besitze) erfreuen, andererseits könnte ich es auch verwinden, wenn ich diese Güter durch Diebstahl, Feuer, Krieg etc. verlieren würde.

Merke:

- Wir wollen die Angst vor Verlust besiegen; *nicht* die *Materie!*
- Wenn meine *höchsten* Werte immaterieller Art sind, dann werde ich Materie zwar *benutzen,* aber meine innere Sicherheit und meine innere *Ruhe* hängen nicht (mehr) davon ab!

Zwei Praxistips hierzu:

1. Beschäftigen Sie sich pro Woche mindestens eine halbe Stunde lang mit wichtigen Aspekten für die *Seele:* Seien dies nun Erfolgsgedanken oder Spaziergänge, Meditation oder die Auseinandersetzung mit philosophischen Ideen: Lernen Sie den *immateriellen Reichtum* in sich kennen, schätzen und sukzessive aufzubauen. In dem Maße, in dem solche Aspekte für Sie wichtiger werden, nimmt die Angst vor materiellen Verlusten *automatisch* ab.

2. Seien Sie dankbar für das, was Sie (derzeit) besitzen – materiell wie immateriell. Denn die meisten von uns besitzen weit mehr, als wir normalerweise benötigen. Deshalb wissen wir diese Dinge gar nicht mehr richtig zu schätzen! Sagen Sie sich: *Lieber heute bewußt etwas schätzen und es morgen verlieren als jahrelang besitzen und nie geschätzt haben!* Denn das Traurige ist doch, daß viele Leute bestimmte Dinge oder Aspekte ihres Lebens erst dann zu schätzen beginnen, wenn sie sie verloren haben!

Angst Nr. 2: „Gesichts"-Verlust

Fürchte ich einen Gesichtsverlust, dann können Abertausende von Situationen mich in Furcht und Schrecken versetzen. Ich habe Angst vor Fehlern, vor kritischen Blicken anderer, vor den Urteilen meiner Mitmenschen usw.

Antithese: Wer lernt, mit sich selbst im reinen zu sein, wird unabhängig(er) vom Urteil (und Fehlurteil) anderer!

Merke:

- Wer sein Selbstwertgefühl durch Auseinandersetzung mit sich (inkl. Schwächen, Ängsten) erarbeitet hat, wird *frei.*
- Diese Freiheit bedeutet nicht nur Verlust der ständigen (oft unbewußten) Angst vor dem Urteil anderer; es ist auch eine Freiheit, seine *Energien* kreativ einzusetzen!
- Diese Freiheit bedeutet zweierlei: Erstens werden wir uns selbst gegenüber *toleranter,* zweitens verbessern sich unsere Chance, *andere* Menschen (vor allem solche, die anders aussehen, denken, glauben oder handeln als wir) zu akzeptieren!

Der Praxistip hierzu:

Schreiben Sie so bald wie möglich Ihre *eigene Totenrede.* (Was möchten Sie, daß man heute über Sie sagen könnte, wenn heute Ihr Begräbnis wäre?) Nehmen Sie sich einen halben Tag Zeit dafür. Später lesen Sie diesen Text einmal pro Monat, bis Sie merken, daß Teile der Rede umgeschrieben werden müssen, weil Sie sich wieder ein Stück weiterentwickelt haben. Diese Übung kann enorm viel bewirken:

1. Sie lernen, mit der *Idee des Todes* zu leben (ohne dabei morbide zu werden).
2. Sie registrieren ganz bewußt, was *wirklich wichtig* ist für Sie, d.h., Sie lernen, die wirklichen Prioritäten Ihres Lebens zu definieren.

3. Sie nehmen graduelle Veränderungen bewußt wahr, so daß Sie bei positiven Änderungen die neuen Tendenzen gleich verstärken, während Sie andernfalls sofort gezielt gegensteuern können.

Zum Abschluß:

Die Welt ist voller Möglichkeiten für Menschen, die ihr Potential wirklich ausschöpfen wollen. Und die Möglichkeiten, sich zu entwickeln und (intellektuell wie seelisch) zu wachsen, erhöhen sich proportional zu unserer Fähigkeit, angstfrei(er) zu werden!

Literaturverzeichnis

Anthony, Dr. Robert: *Dr. Robert Anthony's Startbuch für Lebensveränderung.* Fischer-Verlag, Münsingen 1993

Bettger, Frank: *Lebe begeistert und gewinne.* Oesch, Zürich 1986

Birkenbihl, Vera, F.: *Erfolgstraining.* Schaffen Sie sich Ihre Wirklichkeit selbst. 9. Auflage, mvg-verlag, Landsberg am Lech 1997

Birkenbihl, Vera, F.: *Kommunikationstraining.* Zwischenmenschliche Beziehungen erfolgreich gestalten. 19. Auflage, mvg-verlag, Landsberg am Lech 1997

Birkenbihl, Vera, F.: *Signale des Körpers.* Körpersprache verstehen. 12. Auflage, mvg-verlag, Landsberg am Lech 1997

Birkenbihl, Vera, F.: *Sprachenlernen leichtgemacht.* Die Birkenbihl-Methode zum Fremdsprachenlernen. 17. Auflage, mvg-verlag, Landsberg am Lech 1997

Birkenbihl, Vera, F.: *Stichwort Schule: Trotz Schule lernen!* 10. Auflage, mvg-verlag, Landsberg am Lech 1997

Birkenbihl, Vera, F.: *Stroh im Kopf?* Gebrauchsanleitung fürs Gehirn. 32. Auflage, mvg-verlag, Landsberg am Lech 1997

Brookes, Mona: *Mit Kindern zeichnen lernen.* Rowohlt, Reinbek 1992

Carnegie, Dale: *Sorge Dich nicht, lebe!* Scherz, Bern 1986

Coué, Emil: *Die Selbstbemeisterung durch bewußte Autosuggestion.* Schwabe & Co. AG, Basel 1973

Davis, Ronald: *Legasthenie als Talentsignal.* Lernchance durch kreatives Lesen. 5. Auflage, Ariston, Kreuzlingen/München 1996

Dethlefsen, Thorwald: *Ödipus. Der Rätsellöser.* Der Mensch zwischen Schuld und Erlösung. Goldmann, München 1992

Dyer, W. Wayne: *Der wunde Punkt.* Die Kunst, nicht unglücklich zu sein. 12 Schritte zur Überwindung der seelischen Problemzonen. Rowohlt, Reinbek 1990

Easwaran, Eknath: *Mantram – Hilfe durch die Kraft des Wortes.* 4. Auflage, Hermann Bauer Verlag, Freiburg 1995

Egli, René: *Das LOLA-Prinzip oder: Die Vollkommenheit der Welt.* 5. Auflage, Editions d'Olt, Oetwil a.d.L. 1997

Gray, John: *Männer sind anders – Frauen auch.* Goldmann, München 1996

Jampolsky, Gerald/Cirincione, Diana, V.: *Liebe ist die Antwort – Beziehungen positiv gestalten.* Goldmann, München 1994

Postman, Neil: *Wir amüsieren uns zu Tode.* Urteilsbildung im Zeitalter der Unterhaltungsindustrie. 9. Auflage, Fischer, Frankfurt 1997

Ringer, Robert: *Werde Nr. 1.* Du bist Dir selbst der Nächste. 7. Auflage, mvg-verlag, Landsberg am Lech 1995

Robbins, Anthony: *Das Robbins Power Prinzip.* Heyne, München 1995

Roger, John/Mc Williams, Peter: *Geld allein macht nicht glücklich.* Ullstein, Berlin 1994

Roman, Sanaya: *Sich den höheren Energien öffnen.* 4. Auflage, Ansata, Bern 1990

Staub, Gregor: *Staub MEGA MEMORY Gedächtnistraining.* Fernkurs mit 16 Lektionen auf Cassette mit Buch. 16 Toncassetten, Gesamtlaufzeit 16 Stunden. Expert, Renningen 1996 (Bezugsquelle: birkenbihl-media Tel.: 02202/94170 Fax: 02202/941730).

Stichwortverzeichnis

Notizen

Notizen

Notizen